KAÏNON – ANTHROPOLOGIE DE LA PENSÉE ANCIENNE
sous la direction de Marie-Laurence Desclos
et Maria Cecilia D'Ercole

18

Oikonomia

Étienne Helmer

Oikonomia

Philosophie grecque de l'économie

PARIS
CLASSIQUES GARNIER
2021

Étienne Helmer est maître de conférences au département de philosophie de l'université de Porto Rico (États-Unis). Ses travaux portent sur la philosophie politique, économique et sociale antique chez Platon, Aristote, les épicuriens et les cyniques. Il a publié récemment *Mendiants et mendicité en Grèce ancienne* et *Diogène le cynique.*

ISBN 978-2-406-10669-2 (livre broché)
ISBN 978-2-406-10670-8 (livre relié)
ISSN 2428-7903

À Maria, Pablo et Anne.

ABRÉVIATIONS

Pol.	Aristote, *Les Politiques.*
Écon.	Aristote, *Économique.*
Éth. Nic.	Aristote, *Éthique à Nicomaque.*
D.L.	Diogène Laërce, *Vies et doctrines des philosophes illustres.*
LSJ.	Liddell, H.G., Scott, R., Jones, H.S. [1940] (1996), *A Greek-English Lexicon*, 9th ed. rev. Oxford : Clarendon Press.
Euthyd.	Platon, *Euthydème.*
Pol.	Platon, *Le Politique.*
Rép.	Platon, *La République.*
Écon.	Xénophon, *Économique.*
Mém.	Xénophon, *Les Mémorables.*

INTRODUCTION

Rien n'évoque moins aujourd'hui la Grèce classique que l'économie. Les grands thèmes auxquels nous associons d'ordinaire cette période sont bien plutôt la cité, la politique, la démocratie et l'éducation, et c'est pour éclairer nos doutes actuels à leur sujet que nous puisons à sa source, toujours et encore. Mais qui songerait à se tourner vers les très rares textes théoriques écrits à l'époque d'une économie sans commune mesure avec la nôtre et fondée sur l'esclavage, pour comprendre quelque chose à la modernité économique et, plus encore, au concept d'économie ? Qui entreprendrait sérieusement cette tâche sans porter son regard plutôt vers l'économie politique et la science économique, nées simultanément à l'époque moderne ? C'est pourtant un tel anachronisme qui fait l'objet de ce livre : et si les Grecs avaient quelque chose à nous apprendre aussi sur ce thème ? Et s'ils pouvaient nous donner une autre idée de l'économie ? Car, c'est un fait, « l'économie est omniprésente chez les auteurs grecs d'époque archaïque et classique[1] ».

Mais quels auteurs ? Ou, ce qui revient au même, dans quelle sorte de discours ou de textes ? L'économie apparaît d'abord dans ce qui inaugure pour nous la Grèce comme univers de sens, à savoir la poésie archaïque et classique. Elle y occupe une place importante, parfois centrale, sous une forme qui a façonné pour longtemps la représentation des pratiques, des réalités et des mentalités en la matière. C'est évident avec *Les Travaux et les Jours*, l'un des très rares textes anciens intégralement conservés « dont l'objet principal est d'ordre économique, quelle que soit la définition adoptée[2] ». C'est également le cas de l'*Odyssée*, dont une récente étude a montré qu'on pouvait la lire comme un traité d'économie politique proposant de substituer aux pratiques archaïques de la rapine et du butin de guerre, la reconnaissance du travail agricole,

---

1   Zurbach 2012, p. 179.
2   *Ibid.*

le partage des tâches et l'échange généralisé. De même, certains passages des *Élégies* de Théognis contiennent des observations, dispersées mais récurrentes, d'ordre économique[3]. Un constat similaire vaut, ensuite, pour les historiens classiques, Thucydide en particulier, dont l'œuvre maîtresse anticiperait certains traits relevant de ce qui est aujourd'hui l'économie comportementale[4].

Ce ne sont toutefois ni les poètes ni les historiens qui nous retiendront mais les philosophes. La raison de ce choix est simple et, croyons-nous, décisive : c'est à eux que la modernité a fait le reproche de ne pas avoir théorisé l'économie, d'avoir laissé dans l'ombre une part si importante du réel, faute d'en avoir eu le concept. Si ce dernier reproche a ses raisons, il n'en est pas moins, on le verra, en partie infondé. Car en partant du présupposé que la science moderne, avec sa visée analytique, a et doit avoir le monopole du discours légitime sur l'économie, les critiques modernes du discours grec en la matière se sont empêchés de reconnaître le caractère bien spécifique de sa rationalité. La thèse de ce livre est qu'il existe une pensée théorique grecque au sujet de l'économie, dont la rationalité n'est pas scientifique mais philosophique et qui, pour cette raison, est ou bien passée inaperçue, ou bien n'a pas été appréciée à sa juste valeur. Un examen attentif des passages consacrés aux questions économiques chez les philosophes grecs classiques et hellénistiques – principalement Platon, Aristote, Xénophon, le Pseudo-Aristote, Épicure et Philodème de Gadara, Diogène le cynique et certains de ses disciples, ainsi que quelques fragments des pythagoriciens Callicratidas et Bryson – fait apparaître un continent théorique demeuré longtemps invisible et, par là, une pensée *autre* de l'économie : une *philosophie* grecque de l'économie. Le présent ouvrage entend en dresser la carte – du moins une première partie centrée sur l'*oikonomia* ou l'administration éco-nomique domestique ou civique[5] – en retraçant les grandes questions directrices et les concepts principaux que ces philosophes ou penseurs ont formulés à son sujet.

Quelques avertissements sont de rigueur. D'abord, le singulier de la formule « philosophie grecque de l'économie » ne signifie pas qu'on taira les différences et les différends, parfois grands, entre les réflexions de

3   Voir respectivement Zurbach 2012 ; Sauge 2018 ; Oost 1973.
4   Ober 2012.
5   Sur le sens de ce terme, voir le premier chapitre.

ces auteurs d'écoles ou de courants philosophiques distincts. Il indique seulement que tous rencontrent, élaborent ou déplacent des questions et des concepts analogues ou très apparentés concernant l'*oikonomia*, qu'ils se livrent à son sujet à des variations plutôt qu'ils n'offrent de variété – ce qu'on peut interpréter comme le signe que ces concepts et ces questions étaient débattus dans un cadre théorique qui, sans être figé, était néanmoins relativement défini. Ensuite, si l'évolution historique des réalités économiques, liée au fait que nos auteurs ne sont pas tous contemporains les uns des autres, peut affecter dans le détail tel ou tel point théorique, elle a toutefois peu d'incidence sur l'architecture d'ensemble de leur réflexion : tant en ce qui concerne ses questions que ses concepts principaux, celle-ci demeure stable sur quelques siècles, en gros du IVe au Ier siècle av. J.-C., ce qui ne veut pas dire, encore une fois, qu'elle est monolithique – loin s'en faut. La décision, enfin, de n'intégrer dans cet ensemble ni les présocratiques ni les stoïciens tient au fait que leurs préoccupations en matière d'*oikonomia*, pour autant que les textes conservés permettent d'en juger, ne s'inscrivent que très partiellement dans le cadre théorique commun aux auteurs retenus ici. Par exemple, un fragment de Démocrite signale certes le lien étroit entre ordre domestique et bonheur (Diels-Kranz 68B140)[6], et le traité économique du stoïcien Hiéroclès examine le sujet du mariage et de la distribution des tâches entre époux : mais aucun des deux n'évoque l'acquisition, la conservation et l'usage des biens, opérations centrales des textes qui vont nous retenir[7]. Quant aux sophistes, qui « semblent avoir activement contribué à l'apparition de l'*oikonomia*[8] » – Protagoras, par exemple, promettait d'enseigner « la manière de bien délibérer dans les affaires domestiques, de savoir comment administrer au mieux sa propre maison[9] » – il est difficile d'en dire davantage, faute de témoignages détaillés. Et si l'Anonyme de Jamblique se penche sur le lien entre la valeur de l'argent et sa circulation, il ne dit rien, lui non plus des pratiques relevant plus spécifiquement de l'administration domestique ou civique qui nous intéresse ici[10].

---

6   Voir le chapitre « Conserver », p. 145.
7   Voir Ramelli 2009, p. 93-96.
8   Pébarthe 2012, p. 134.
9   Platon, *Protagoras* 318e. Voir aussi *Ménon* 91a-b. *Cf.* Isocrate, *Sur l'échange* 285.
10   Voir Gavray 2016.

Ces précisions conduisent aux questions essentielles. Qu'entend-on par « économie » ? Et si les Grecs n'en avaient pas le concept faute de l'existence de l'institution du marché[11], l'évoquer néanmoins à leur propos ne revient-il pas à employer une étiquette commode mais inadéquate à l'objet de ce livre ? Vouloir débusquer l'économie dans l'*oikonomia*, n'est-ce pas se payer de mots en faisant porter à l'étymologie le poids d'une illusoire continuité entre le monde grec et le monde moderne[12] ? À la position déjà ancienne qui, sur la base de telles objections, concède des activités économiques aux Grecs tout en en minimisant l'importance, ou plus exactement en leur déniant toute signification économique, les historiens ont apporté une nuance de taille, témoignages épigraphiques et vestiges archéologiques à l'appui : qu'ils aient connu ou non le marché, les Grecs se livraient à des activités économiques complexes et diversifiées[13]. Et bien que ce soit à travers le prisme des catégories de l'économie politique moderne et contemporaine qu'on ait souvent proposé de les comprendre – par exemple en projetant sur elles les catégories de production, de distribution et de consommation[14] – on n'en a pas moins brossé un tableau qui a permis d'arracher les Grecs à l'état d'innocence économique que beaucoup leur prêtaient jusque-là.

Ce long et vaste travail effectué sur les *realia* n'a toutefois pas eu d'équivalent en ce qui concerne la réflexion théorique antique, grecque surtout, à propos de l'économie. Aucun livre d'ensemble n'a examiné la façon dont les philosophes classiques ou hellénistiques ont approché ce domaine du réel, quelles questions ils se sont posés à son sujet, quels concepts ils ont élaborés pour le comprendre. Et pour cause : analyser un tel objet à la lumière des rubriques modernes au lieu de le ressaisir dans ses propres termes, c'était conduire à un inévitable malentendu, au constat de l'inexistence d'une pensée grecque de l'économie. Car, *stricto sensu*, les Grecs ne produisent pas, ne consomment pas et ne distribuent pas : ils acquièrent, ils conservent et font usage – pratiques qu'il n'est possible d'appréhender que si l'on s'est d'abord défait de l'illusion que les catégories de la science

---

11 Finley 1973, p. 21.
12 Finley 1973, p. 20.
13 On s'en fera une première idée, par exemple, en consultant Bresson 2000 sur le commerce, et plus généralement Scheidel, Morris et Saller (éds.) 2007. Pour plus de détails, voir la bibliographie de Feyel et Pébarthe 2007.
14 Ainsi chez Davies 2007, Möller 2007, et Von Reden 2007, dans Scheidel, Morris et Saller (éds.) 2007, respectivement p. 333, 362 et 385.

économique sont les seules qui vaillent et qui soient. Sur la base de cette méprise persistante, on a pu forger le mythe du désintérêt des Grecs pour la réflexion en matière économique, élever sans trop de difficulté l'homme grec au rang d'*homo politicus* pur, et prêter à toute une civilisation ce partage des domaines par trop simpliste dont Hannah Arendt offre malheureusement la formulation la plus claire dans *Condition de l'homme moderne* :

> On n'attribuait ni au travail ni à l'œuvre assez de dignité pour constituer un *bios*, un mode de vie autonome, authentiquement humain ; asservis, produisant le nécessaire et utile, ils ne pouvaient être libres, ni s'affranchir des besoins et des misères.
>
> La communauté naturelle du foyer naissait [...] de la nécessité, et la nécessité en régissait toutes les activités. Le domaine de la *polis*, au contraire, était celui de la liberté.
>
> La « vie bonne » – celle du citoyen, selon Aristote – [...] était « bonne » dans la mesure où, maîtrisant les besoins élémentaires, libérée du travail et de l'œuvre, dominant l'instinct de conservation propre à toute créature vivante, elle cessait d'être soumise aux processus biologiques[15].

D'un côté, l'asservissement au biologique et, à peine nommé, l'économique ; de l'autre, le politique, le règne des valeurs et de la liberté : on ne saurait mieux contribuer au mythe de l'inexistence ou de l'enfance de la pensée économique chez les Grecs qu'en la taisant et qu'en la reléguant dans l'inframonde de l'asservissante et impensable nécessité vitale.

Pour ce défaire de ce partage mystificateur, et restituer toute la richesse de la réflexion philosophique grecque en matière d'économie, qui articule précisément ce qu'Arendt sépare, les grandes lignes de la méthode à suivre sont claires : faire le pari d'une pensée autre de l'économie, avec son langage, ses questions et ses concepts propres. Mais comment s'assurer que le résultat de l'enquête relèvera bien de l'économie, et pas d'autre chose ? La difficulté, qui n'est autre que celle de la définition de notre objet, est double : il faut à la fois partir d'un sens suffisamment large de l'économie pour que les Grecs y trouvent leur place et que l'enquête soit légitime et possible, et prendre la voie d'un sens plus spécifique si l'on veut faire droit à la singularité de l'approche des philosophes grecs sur le sujet, en évitant les perspectives biaisées et mystificatrices qu'on vient d'évoquer. Comment y parvenir ?

---

15 Arendt 2012, p. 70, 83 et 88.

Concernant le premier point, considérer le savoir économique comme l'étude de la nature et du sens des pratiques des groupes humains en vue de la satisfaction de leurs besoins offre une définition suffisamment ample pour embrasser différentes modalités de ce savoir, ainsi qu'une grande variété de pratiques et de significations de ces pratiques. Une telle définition ouvre utilement le champ de l'enquête. Quant à la façon, ensuite, de cerner au plus près la spécificité du savoir économique grec, on partira des réflexions de Karl Polanyi dans son ouvrage posthume *La Subsistance de l'homme. La place de l'économie dans l'histoire et la société*[16]. Selon lui, le concept d'économie ne se limite pas à son sens formel, c'est-à-dire aux relations calculées entre la fin qu'est la satisfaction des appétits humains et les moyens disponibles pour l'atteindre. Reposant sur l'« assertion dogmatique » de la rareté – assertion à la fois historiquement construite par et pour l'institution du marché, et devenue une croyance presque intouchable – ce sens formel de l'économie postule le décalage entre le caractère limité de l'offre d'un côté, et la nature illimitée des besoins et des désirs de l'autre, et ouvre au calcul individuel et collectif de l'optimisation des gains[17]. À côté de cette idée de l'économie allant de pair avec l'idée qu'il n'est de savoir économique que scientifique, en existe une autre, dite « substantielle », qui « souligne ce fait primordial que les hommes, comme tous les autres êtres vivants, ne peuvent vivre durablement sans un environnement physique où ils trouvent leur subsistance ; c'est l'origine de la définition substantielle de ce qui est économique[18] ». L'homme y est envisagé comme « une entité relevant de la nature, [et] dont l'existence dépend [...] du soutien des conditions de son environnement [...][19] ».

Ce sens « substantiel » de l'économie, dissocié de l'idée de rareté, échappe à l'emprise des catégories formelles indexées sur l'idée de maximisation du gain. Il permet ainsi d'approcher la réflexion philosophique grecque dans ses propres termes. Les auteurs que nous présenterons voient en effet dans l'économie le lieu problématique de l'articulation sociale de la nécessité et de la liberté, de la nature et de la convention, et le point de départ, en partie déterminant, de l'inscription complexe de l'homme au sein de rapports éthiques et politiques, voire chez certains,

16 Polanyi [1977] 2011.
17 Polanyi [1977] 2011, p. 80.
18 Polanyi [1977] 2011, p. 71.
19 Polanyi [1977] 2011, p. 73.

au sein de la totalité close du cosmos lui-même. Plus précisément, une même préoccupation – on serait tenté de dire une même inquiétude – parcourt toutes ces réflexions et les apparente : dans quelle mesure l'économie est-elle un domaine d'expression et de réalisation possible du Bien ? De quelle façon individus et communautés peuvent faire de leurs pratiques dans ce domaine une forme d'accomplissement légitime, transcendant la nécessité vitale tout en se réalisant en elle et par elle ? Car, on le verra, – et c'est sans doute le point le plus inattendu et le plus « autre » – loin de se réduire à la prescription de techniques efficaces, leur pensée des pratiques économiques tend à en faire un art particulier de réalisation individuelle et collective, une *praxis* qui porte, jusqu'à un certain point, une finalité propre indexée sur une valeur suprême de nature morale ou politique. Le savoir économique grec n'est certes ni le seul ni le plus haut de ce point de vue – l'éthique et la politique ne perdent pas si facilement leur statut architectonique pour les Grecs –, mais c'est assurément le plus surprenant et, peut-être, le plus intéressant, parce que le plus directement aux prises avec ce qui, en nous, tend à nous faire vivre au détriment du Bien – nos appétits, leur nécessité et tout ce qu'ils engagent pour nos rapports avec nous-mêmes et les autres.

Ce livre, répétons-le, n'est pas une étude historique : à l'issue de cet ouvrage, on ne saura pas, par exemple, si les Grecs des époques classique et hellénistique connaissaient ou non l'institution du marché, pas plus qu'on ne saura si, dans quelle mesure et sur quels points, leur économie partageait les traits d'un relatif modernisme ou préfigurait le capitalisme. De même, on n'apprendra rien des mécanismes et des institutions économiques historiques auxquels ces auteurs ont peut-être puisé pour nourrir leur réflexion[20]. En suivant bien plutôt les questions qu'ils ont soulevées et les concepts qu'ils ont forgé pour penser ce que – avec la prudence qu'impose toute tentative de définition d'un universel – nous désignons du terme d'économie, on espère éclairer cette notion, et peindre l'homme grec non plus seulement en *homo politicus* mais aussi en *homo œconomicus* – homme non pas du marché et du capitalisme, mais d'une économie autre.

Un dernier point : il faut l'admettre, notre terme économie, qui recouvre aussi bien la production, la consommation et l'échange des

---

20   La bibliographie sur tous ces points est immense. Voir celles de Scheidel, Morris, Saller 2008, p. 769-917 ; et Feyel, Pébarthe 2007.

biens, que l'étude de la formation de la valeur, n'a pas d'équivalent en grec. L'*oikonomia*, pour la période qui nous intéresse, ne concerne que l'administration domestique, parfois celle de la cité, et aucun mot ni aucune notion ne subsume tout ce qui concerne l'argent et les activités commerciales. Parler du savoir économique des Grecs, c'est donc accepter d'employer, faute de mieux, un terme commode mais boiteux, et se résoudre à scinder en deux l'étude des pratiques pour rester au plus près de ce que semble avoir été leur propre articulation du réel : l'*oikonomia* d'un côté, les institutions et pratiques du commerce et de l'argent de l'autre. Aussi ce livre se présente-t-il en deux volumes. Celui-ci porte sur l'*oikonomia*, et le suivant, en cours de réalisation, portera sur les pratiques et les institutions du commerce, sur la place du marché et l'argent dans le discours de ces mêmes philosophes.

La première section de ce livre est méthodologique : elle expose les raisons pour lesquelles la réflexion théorique des Grecs en matière d'économie a été si longtemps négligée, ainsi que les difficultés à surmonter et les pistes à suivre pour en percevoir, au contraire, tout l'intérêt. Les sections suivantes empruntent ces pistes et présentent les questions et concepts philosophiques élaborés par les auteurs de notre corpus à propos de l'espace économique domestique et parfois civique, en tâchant de restituer ce qui nous semble être, dans le respect de ses variantes, l'architecture générale de la pensée de ces philosophes sur le sujet : elle se penche sur les hommes puis sur les choses qui sont cœur des activités *oikonomiques*.

Je remercie M.-A. Gavray (Univ. de Liège), O. Renaut (Univ. Paris Nanterre), C. d'Ercole et V. Sebillotte (EHESS), J.-B. Gourinat (Centre Léon Robin), qui m'ont permis d'exposer les phases préparatoires de ce livre dans leurs séminaires. Ma reconnaissance aussi à J. Andreau, à S. Everson, et au très regretté Marcel Hénaff. Je remercie la National Endowment for the Humanities pour son soutien financier.

PARTIE I

DE L'*OIKONOMIA* COMME SAVOIR

Prendre au sérieux la réflexion économique antique en matière d'économie, et plus spécifiquement l'*oikonomia* comme savoir de l'administration de l'*oikos* ou de la cité, c'est rendre la vie à un fantôme, en comprenant comment il a été dépouillé de ses attributs au point d'en être rendu méconnaissable, comme ces héros aux Enfers devenus l'ombre d'eux-mêmes dans la poésie grecque. Les deux chapitres qui vont suivre portent sur la nature de ce savoir occulté. Le premier examine la façon dont il fut ostracisé du champ de la connaissance légitime par une certaine idée du savoir économique, et propose d'en retrouver la nature et la signification véritables derrière le rideau des mésinterprétations modernes. Le second prête main forte au premier en étudiant les controverses entre certains philosophes grecs à propos de l'objet et du statut épistémologique de l'*oikonomia*.

DE L'IMPOSSIBLE
SCIENCE ÉCONOMIQUE
À LA PHILOSOPHIE DE L'ÉCONOMIE

L'état des savoirs peut être inégal quand bien même leurs objets sont proches : si l'étude des réalités économiques antiques constitue un champ de recherche fécond, que nourrissent de régulières découvertes archéologiques et des approches renouvelées depuis une trentaine d'années – par exemple à propos des aspects matériels des activités économiques ou du rôle domestique des femmes dans le cadre des études de genre[1] – il n'en va pas de même à propos de la *pensée* économique antique, grecque notamment. Sur ce terrain, « tout se passe comme si le fait que les Grecs n'aient pas connu notre concept moderne d'économie soit une raison suffisante pour négliger ce qu'ils ont à nous dire dans ce domaine[2] ».

Depuis ce constat datant des années 1990, rien ne semble avoir vraiment changé. Des études monographiques ont certes été consacrées à Aristote, Xénophon et, dans une moindre mesure, Platon et Philodème de Gadara[3]. Mais la plupart des publications, qu'il s'agisse d'histoires générales de la pensée économique ou d'études plus spécialement consacrées au monde antique, se contentent de résumer, avec plus ou moins de détails, les idées de ces auteurs ou de certaines écoles de pensée en matière d'économie[4].

---

1   Pour une synthèse des rapports entre histoire économique antique et archéologie : Mossé 1993, en particulier p. 32, 47, 59 ; Redfield 1993 ; Ault 2007 ; G. Sanidas 2013 ; et Esposito et Sanidas (éds.) 2012 ; D'Ercole 2017. Sur l'apport des études de genre sur l'histoire de l'économie antique : Foxhall 1989 et Sébillotte 2016.

2   Descat 1990, p. 85. Voir aussi Natali 1995, p. 95-97 en particulier.

3   Sur Aristote : Polanyi [1957] 1975 ; Finley 1970 ; Koslowski 1979 ; Brown 1982 ; Rutten 1988 ; Meikle 1995. Sur Xénophon : Strauss 1970 ; Houmanidis [1992] 1993 ; Todd Lowry 1998. Sur Platon : Berthoud 2002, p. 15-45 ; Helmer 2010 ; Föllinger 2016. Sur Philodème de Gadara : Tsouna 2012.

4   Histoires de la pensée économique : Gray 1931, p. 11-39 ; Medema et Samuels (éds.) 1998, p. 5-25 ; Samuels, Biddle, Davis 2003, p. 11-27 ; Medema et Samuels 2003, p. 1-15. Études antiques : Baloglou 2012 ; Föllinger 2014.

Elles suivent le plus souvent un même modèle d'exposition, convoquent les mêmes auteurs et les mêmes textes. À de rares et récentes exceptions près[5], aucune étude ne propose d'approche globale de ce qu'a pu signifier penser l'économie dans le monde grec.

Comment expliquer cette situation ? À quels obstacles épistémologiques l'étude de la pensée économique antique, grecque en particulier, s'est-elle heurtée, qui l'a empêché de connaître un renouvellement des perspectives et des approches similaire à celui dont a bénéficié l'étude historiques des phénomènes et des réalités économiques ? Deux raisons principales expliquent ce quasi silence : un cadre épistémologique restrictif, et un concept d'économie mal taillé. En faire l'analyse permettra de proposer une voie d'accès à ce continent invisible.

LA PENSÉE ÉCONOMIQUE ANTIQUE
SOUS-ÉVALUÉE ET MAL ÉVALUÉE

La réflexion économique des Grecs n'a pas toujours été sous-évaluée. Leur littérature agricole par exemple – telle qu'on la trouve dans une partie des *Travaux et des Jours* ou, de façon plus développée, dans l'*Économique* de Xénophon – a suscité au XVIᵉ siècle en Europe un vif intérêt, repérable par les traductions et les réimpressions dont elle a fait l'objet, et par les textes modernes qu'elle a inspirés à cette époque[6]. Mais avec l'apparition progressive du capitalisme, le cadre épistémologique de référence, soit l'ensemble des concepts, des méthodes et des outils d'analyse définissant les critères d'approche pertinents des réalités économiques, a connu de profondes transformations. S'est produit là, pour reprendre l'expression de Castoriadis, un changement d'« imaginaire social » – ce dispositif originaire par lequel une société s'institue en donnant « une orientation particulière non seulement à son système institutionnel et à ses pratiques spécifiques, mais aussi à ses réseaux symboliques[7] ». En effet, avec l'apparition du capitalisme,

---

5   Leshem 2012.
6   Beutler 1973.
7   Mabilon-Bonfils 2012.

[l]'analyse [i.e. scientifique] économique s'est développée [...] en tant que corpus théorique comme science des ressources rares, dans l'objectif hérité de l'économie politique, de produire des moyens d'agir sur les hommes et les rapports sociaux conformément à l'intérêt général interprété comme équilibre naturel de la société – et en congruence avec les intérêts des groupes dominants. La rupture néoclassique [s'] est alors construite sur le modèle des sciences de la nature [...], de la physique mécanique dans une prétention nomologique à la neutralité axiologique et à un universalisme a-historique et a-politique[8].

Le partage de l'ensemble des savoirs entre « ceux qui [étaient] légitimes et les autres », soit ceux qui devenaient étrangers au modèle épistémologique institué dans et par ce nouvel imaginaire social, s'en est trouvé redessiné, les seconds perdant alors toute pertinence théorique[9]. C'est ce qui s'est produit avec les savoirs anciens en matière d'économie.

La formulation la plus explicite de ce redécoupage épistémologique du savoir économique est sans doute due à Schumpeter. La frontière qu'il trace dans ses deux ouvrages *Economic Doctrine and Method* et *Histoire de l'analyse économique* passe entre, d'un côté, la *pensée* économique, simple recueil d'observations empiriques, et, de l'autre, la *science* économique, au sens de réflexion argumentée et analytique orientée vers la connaissance et aboutissant à des énoncés allant au-delà des remarques du sens commun[10]. Le partage est simple : aux Grecs la pensée économique, à la Modernité la science économique, d'autant que, estime Schumpeter, « le philosophe grec était essentiellement un philosophe politique[11] », peu intéressé, selon lui, par les questions économiques – variante du partage wébérien entre l'*homo politicus* antique, et l'*homo œconomicus* médiéval et moderne[12]. En affirmant que les Grecs n'ont produit qu'une réflexion « extrêmement pauvre et surtout préscientifique » en matière économique[13], Schumpeter ne veut pas dire qu'ils ont préfiguré la science économique moderne en anticipant de manière confuse ses découvertes : il veut dire au contraire que leurs remarques sont hors du champ de la science, et qu'elles ne relèvent que d'une connaissance semi-instinctive et empirique. Tout au plus concède-t-il à Aristote une « *intention* analytique », qu'il refuse à

---

8   *Ibid.*
9   *Ibid.*
10 Schumpeter [1912] 1954, p. 9-41 ; Schumpeter [1954] 1983, p. 25-35.
11 Schumpeter [1954] 1983, p. 90.
12 Weber [1921] 1968, vol. 3, p. 1354.
13 Schumpeter [1912] 1954, p. 11 (ma traduction).

Platon[14]. Les Grecs, on le voit, ne mériteraient pas qu'on s'attarde sur les passages qu'ils consacrent aux questions économiques.

Ce cadre d'analyse s'est imposé au point de devenir une solide vulgate[15], que Finley a radicalisée à la fois en niant le peu que Schumpeter avait concédé à Aristote, à savoir son intention analytique[16], et en considérant l'*Économique* de Xénophon et les traités du même genre comme de simples ouvrages d'éthique[17]. Selon lui, « [c]e que [les Anciens] ne firent pas, c'est combiner toutes ces activités spécifiques [économiques] en une unité conceptuelle[18] ». Ce défaut conceptuel prêté à l'Antiquité en matière économique, repris par d'autres en termes proches[19], est, on le verra, tout à fait exact : aucun terme en grec ne correspond à l'économie au sens où nous l'entendons, et assurément pas l'*oikonomia*[20]. Mais fallait-il en déduire pour autant que les Grecs n'avaient produit aucune réflexion théorique en la matière ? C'est cette inconséquence logique, nourrie du préjugé qu'il ne saurait y avoir de théorie économique que scientifique, et de concept d'économie que dans le cadre du marché, qui a conduit à jeter sur les Grecs le voile du silence et, parfois, celui du mépris.

Cette histoire serait incomplète sans la double mention de ceux qui nuancent la thèse schumpétérienne du caractère immature ou inexistant de la pensée économique en Grèce ancienne, et de ceux qui s'y opposent plus nettement. Les premiers font valoir l'intérêt manifeste d'une liste d'écoles philosophiques antiques pour les sujets économiques[21]. Les seconds vont plus loin dans leur critique : ils défendent à la fois la thèse de l'enracinement des théories économiques modernes dans la pensée économique antique, et celle de l'influence toujours présente de la seconde sur les premières. De ce deuxième groupe, S. Todd Lowry n'est pas le seul exemple, mais il est sans doute le plus représentatif : « les Grecs de l'Antiquité », affirme-t-il, « ont développé un grand nombre des formules

---

14 *Ibid.* p. 93.
15 Par exemple : « [...] adumbration of economic theory among the Greeks will rather appear in the form of *incidental* observations [...] », Gray 1931, p. 13 (je souligne).
16 Finley 1970, p. 15.
17 Finley 1973, p. 18.
18 *Ibid.* p. 21.
19 Par exemple : « [L]e discours sur l'organisation de l'*oikos* et l'économie de la cité n'était pas considéré comme une sphère de pensée et d'analyse autonome », Baloglou 2012, p. 11 (ma traduction).
20 Pébarthe 2012, p. 136.
21 Par exemple Baloglou 1998 et 2012. Voir aussi Baeck 2005, en particulier p. 5-6.

analytiques qui forment la base de la théorie économique moderne, [...] la discipline économique leur est très redevable[22]. » Cette dette serait si lourde que, selon lui, il « ne fait aucun doute que l'*oikonomia* a été l'un des premiers ancêtres de l'économie politique[23] ».

Qu'elles nuancent les thèses de Schumpeter ou qu'elles les attaquent avec plus de vigueur, ces deux approches critiques sont toutefois plus proches de lui que leurs auteurs ne veulent bien l'admettre. Elles s'en prennent certes aux conclusions de l'historien autrichien, mais elles ne remettent pas en cause son partage entre *science* économique et *pensée* économique : elles l'endossent elles aussi. Aussi ont-elles en commun avec lui les quatre défauts suivants.

Le premier est de nature épistémologique : Schumpeter comme ses opposants mesurent la réflexion théorique antique en matière économique à l'aune de la *science* économique moderne, au lieu de tenter de la comprendre dans ses propres termes épistémologiques. Or qu'on lui dénie la scientificité ou qu'on l'y décèle en germe, la rationalité de la réflexion théorique économique antique n'est pas scientifique mais, on le verra, philosophique.

Le deuxième défaut commun à ces deux positions porte sur leur objet d'étude. Elles cherchent l'économie moderne là où il s'agit de penser dans ses termes propres l'*oikonomia* ainsi que tout ce qui relève du commerce et de l'argent. Aussi a-t-on reproché à juste titre à S. Todd Lowry de présenter l'*oikonomia* domestique et civique en termes de marché[24]. Pour injustifié qu'il soit, un tel anachronisme n'en révèle pas moins une difficulté importante : comment éviter le modernisme, qui consiste à supposer que l'économie antique ne diffère pas de l'économie moderne en nature mais en degré[25], sans nier pour autant une parenté possible – qu'il s'agit de définir – entre économie antique et économie moderne ? Est-il même possible de *ne pas* partir de la notion moderne d'économie pour aborder celle du passé, fût-ce pour percevoir ce qui l'en sépare[26] ? Ces questions sont décisives : elles engagent la lecture qu'il convient de faire des textes anciens consacrés à l'*oikonomia*, au commerce et à l'argent.

---

22   Todd Lowry 1987, p. 11 (ma traduction ; voir plus largement p. 7-30). Voir dans le même sens la critique des positions de Finley par Meikle 1979.
23   Todd Lowry 1987, p. 12 (ma traduction). Voir aussi Figueira 2012.
24   Ce reproche est formulé par Meikle 1995, p. 178.
25   Amemiya 2007, p. 57-58.
26   Cette question est soulevée par Meikle 1995, p. 179.

Le troisième défaut est de nature méthodologique. Schumpeter comme ses détracteurs examinent successivement et séparément les différents auteurs ou les différents courants de pensée antiques traitant de questions économiques, en mettant l'accent sur leurs différences plutôt que sur leurs similitudes[27]. L'émiettement théorique qui en résulte empêche de prêter à la Grèce classique et hellénistique un intérêt théorique global pour les phénomènes et les questions économiques, et d'en repérer la cohérence d'ensemble qui consiste – ce sera l'objet des prochains chapitres – en quelques grandes questions et quelques concepts centraux communs, même si la façon de les formuler et de les articuler entre eux varient selon les auteurs et les écoles. Ce défaut dans l'approche a également conduit à une vision restreinte de l'extension du corpus pertinent, et à une interprétation trop limitée de ce dernier, même de la part de ceux qui se proposent de le prendre au sérieux.

Enfin, ni Schumpeter ni ses critiques ne remettent en cause l'opposition wébérienne entre l'*homo politicus* antique et l'*homo œconomicus* moderne. Elle est pourtant responsable, du moins en partie, du silence contemporain entourant la pensée théorique antique en matière économique, ou de la perspective biaisée selon laquelle elle a été envisagée. Voir dans les philosophes antiques des philosophes principalement ou exclusivement politiques, comme l'ont fait Schumpeter et d'autres à sa suite jusqu'à Hannah Arendt, rendait d'avance impossible de les créditer de toute espèce de pensée de l'économie tant soit peu élaborée et digne d'intérêt. C'était s'interdire de comprendre aussi, comme on l'a formulé seulement récemment, qu'un Grec était ou pouvait être à la fois *homo œconomicus* dans l'*oikos* et *homo politicus* dans la *polis*[28]. À quoi nous ajoutons qu'il pouvait être aussi *homo œconomicus* dans la *polis* et *homo politicus* dans l'*oikos*.

Ces quatre défauts indiquent en creux le cadre méthodologique requis pour exhumer la pensée théorique antique de l'économie et faire droit à toute sa richesse.

---

27 Ce reproche est aussi formulé par Leshem 2012, p. 6.
28 Leshem 2013, p. 46.

UNE PHILOSOPHIE DE L'ÉCONOMIE

Tout d'abord, les textes théoriques antiques consacrés à l'*oikonomia* et aux questions économiques sont rédigés par des philosophes ou des auteurs gravitant dans leur cercle. Que ce fait facile à observer n'ait été que rarement pris en compte tient aux limites que le cadre épistémologique moderne défini pour aborder ces textes impose aux versions possibles de la rationalité[29]. Celle de la pensée théorique antique de l'économie n'est ni celle de la philosophie contemporaine de l'économie – qui étudie à la fois les conditions du choix rationnel dans le cadre de théories de l'action, les institutions et les politiques économiques, et l'ontologie des phénomènes économiques et la possibilité de les connaître[30] – ni celle de la science économique. Elle est philosophique au sens où elle élabore, déplace et reformule les concepts et les questions fondamentales par lesquels l'homme s'interroge sur la nature de ce qui est et de ce qu'il est, sur la signification de sa place dans l'univers et sur la façon dont il doit y agir pour vivre bien.

Appliquée à l'économie domestique et à l'exploitation du domaine agricole, cette vaste entreprise de questionnement est certes déjà à l'œuvre dans la poésie. Dans l'*Odyssée*, au moment de son retour à Ithaque, alors qu'il est confronté aux prétendants qui dilapident les ressources de son *oikos*, convoitent Pénélope et écartent Télémaque, Ulysse doit reconquérir son triple rôle domestique d'époux, de père et d'administrateur. Plus tard, dans les *Grenouilles* d'Aristophane, Euripide déclare que les affaires domestiques forment l'un des sujets de ses pièces, en rupture avec la tradition tragique dont Eschyle était le gardien. Attentif au contexte démocratique de la cité, Euripide donne la parole à tous les membres de l'*oikos* sans distinction de sexe et de statut (*Grenouilles* 947-950). Il prétend ainsi avoir fait entrer sur scène les affaires domestiques (οἰκεῖα πράγματ' εἰσάγων, 960) au point que, grâce à lui, ses contemporains les organisent mieux et s'en soucient davantage (976-979). Sur le ton de la comédie, Aristophane se fait peut-être ici l'écho de l'un des sujets qui

---

29 Font le constat de cette dimension philosophique de la pensée économique antique :
    Bonar 1893, p. 3-5 ; Descat 1988, p. 104-105 ; Natali 1995, p. 99.
30 Voir Hausman 2008, p. 1-38.

animaient les cercles intellectuels athéniens vers la fin de la seconde
moitié du Vᵉ siècle.

C'est probablement à cette époque, en effet, que l'*oikonomia* est
devenue un sujet de discussion théorique. Les sophistes, on l'a vu avec
Protagoras chez Platon, se sont penchés sur la question. Ont-ils été les
premiers à l'avoir fait, et le rôle de Périclès sur ce point a-t-il été décisif[31] ? Quoi qu'il en soit, ce sont toutefois plutôt les textes de ceux que
nous nommons habituellement les philosophes qui offrent les témoignages les plus nombreux et les plus développés de leur intérêt pour
les sujets économiques en général, et pour l'*oikonomia* en particulier.
Ainsi, de fréquentes injonctions à ne pas négliger les affaires domestiques prouvent que l'économie est ou doit être une préoccupation du
philosophe ou du sage. Ce conseil leur est parfois adressé, tout comme
eux-mêmes peuvent l'adresser à leurs interlocuteurs non philosophes.
Le Socrate de Xénophon, par exemple, très intéressé par l'*oikonomia*[32],
recommande à Nicomachidès « de ne pas mépriser les hommes qui s'y
entendent en *oikonomia* (τῶν οἰκονομικῶν ἀνδρῶν) », car leur compétence
est similaire et propédeutique à la politique (*Mémorables* III, 4, 12). Le
Pseudo-Aristote quant à lui recommande au maître de maison de ne
jamais laisser son *oikos* sans surveillance, ce qui suppose qu'il soit en
mesure de « se relever même la nuit », pratique que le Pseudo-Aristote
justifie en ces termes : « cela est en effet aussi profitable à la santé qu'à
l'*oikonomia* et à la philosophie » (*Écon.* I, 6, 1345a16-17). Le maître de
l'*oikos* est ou doit donc être « philosophe », terme qui désigne ici la capacité
générale de réflexion sur les principes des différentes sphères de l'activité
humaine[33]. Cette mention remarquable de la philosophie au cœur d'un
conseil très pratique vient de l'idée que « la maison ne doit jamais rester
sans garde (ἀφύλακτον), comme la cité » (*Écon.* I, 5, 1345a14-15). Qu'il
s'agisse ou non ici d'une référence implicite à la *République* de Platon,
où la « garde de la cité » est l'affaire des philosophes, la conviction du
Pseudo-Aristote est que la philosophie commence dans l'*oikos* et avec
l'*oikonomia*, avec pour effet de rendre le monde intelligible et praticable
en le rendant stable et organisé. Le lien entre philosophie et *oikonomia*

---

31   Descat 2010, p. 408 ; Pébarthe 2012, p. 134-136.
32   Dorion 2008.
33   Sur ce sens de « philosophie », voir *Éth. Nic.* I, 4, 1096b31 ; et X, 10, 1181b15-16 où
     Aristote parle de la « philosophie des affaires humaines ».

est plus étroit encore chez l'épicurien Philodème de Gadara : dans son traité consacré à l'*oikonomia*, il limite explicitement son objet d'étude « à l'acquisition nécessaire pour un philosophe, et non pour n'importe qui » (*Des Vices* IX, XII, 15-17[34]). Le philosophe en question désigne tout membre du Jardin ou plus largement tout épicurien : dans les limites de la frugalité qu'Épicure nomme « la richesse selon la nature[35] », l'art de l'acquisition et de la conservation dans l'*oikos* est compatible et profitable pour atteindre le souverain bien épicurien qu'est le plaisir réglé par la prudence. Au point que l'*oikonomia*, malgré les apparences, constitue une véritable pratique philosophique :

> Et l'on doit réserver certains moments pour les inspections, pour les coups de main à donner à quelques personnes, et pour la comptabilité sans avoir à en rougir ni croire que c'est du temps que l'on dérobe à la philosophie. (*Des Vices* IX, XXVI, 9-14)

On dispose aussi d'un portrait de Diogène le Cynique en parfait intendant domestique : Xéniade, qui en aurait fait son esclave, « remit entre ses mains [*i.e.* Diogène] toute sa maison. Diogène y réglait tout de telle sorte que Xéniade allait partout disant "un bon démon est entré dans ma maison"[36] ». La coïncidence la plus extrême entre philosophie et activité économique est toutefois due aux stoïciens, selon lesquels seul le sage est un bon *oikonomos*, de même que lui seul est vraiment riche[37]. Dans tous les cas, les questions et l'intérêt suscités par l'administration de l'*oikos* ne sont pas du tout étrangers, on le voit, à la philosophie et aux philosophes grecs.

Est-on pour autant fondé à employer sans réserve l'expression « philosophie (grecque) de l'économie » à leur sujet ? Après tout, des formules similaires sembleraient tout aussi légitimes : « épistémologie économique », « méthodologie économique », et surtout « philosophie économique grecque » et « économie philosophique grecque ». Comment les départager ?

La difficulté commune à ces expressions tient à ce qu'elles sont forgées d'après leur usage moderne, c'est-à-dire contemporain de l'existence

---

34   Les références données après *Des Vices* IX sont le numéro de la colonne en chiffres romains suivi du numéro de la ligne en chiffres arabes du texte grec édité par Jensen 1907.
35   *Maximes capitales* XV et *Sentences vaticanes* 8.
36   D.L. VI, 74 ; *cf.* VI, 30-31.
37   Sur ces paradoxes : Brunt 1973 ; Dawson 1992, p. 188 ; Bénatouïl 2008.

d'une science économique autonome, dont les rapports avec la philosophie soulèvent des enjeux interprétatifs et méthodologiques spécifiques. Chacune a ses avantages et ses limites[38], mais elles n'en sont pas moins toutes suspendues à l'existence de ce savoir inconnu du monde antique. On ne saurait donc les employer en référence à l'antiquité sans apporter cette précision : « économie » ou « économique » n'y renvoie pas à une science autonome ayant les phénomènes et pratiques économiques pour objet, mais à un ensemble de pratiques et au savoir qui les accompagne, en tant qu'ils sont soumis à l'examen de la philosophie. Cette précision apportée, quelle expression choisir ?

« Épistémologie économique » et « méthodologie économique » doivent être écartées pour deux raisons. D'une part, le premier terme de chacune de ces deux formules désigne respectivement une théorie de la connaissance scientifique et l'examen des outils théoriques d'une science donnée : aussi ne peuvent-elles s'appliquer de toute évidence qu'au savoir économique scientifique. D'autre part, elles laissent dans l'ombre la dimension philosophique caractéristique des auteurs et des textes qui sont au cœur de notre étude. Restent alors trois candidats. « Philosophie économique » offre l'avantage d'être fidèle à la nature de la démarche philosophique, qui est de procéder à l'examen conceptuel de l'essence d'un secteur de la réalité et des phénomènes qui lui sont propres. C'est en ce sens que l'emploie A. Berthoud, dans l'un des rares ouvrages consacrés, en partie du moins, à la question qui nous occupe :

> Le premier thème de toute philosophie économique est l'économie elle-même. […] Le philosophe présuppose que sous les formes multiples et transitoires des histoires humaines, se trouvent des formes universelles ou des essences. Le thème de toute philosophie économique est l'essence de l'économie[39].

Toutefois, cette expression peut aussi laisser croire que la démarche philosophique en question consiste en un travail réflexif effectué par des spécialistes de l'économie. Or c'est l'inverse qui se produit dans les sources que nous étudierons : la philosophie y demeure la forme de rationalité la plus englobante et la plus principielle, c'est elle qui pense l'économie, non l'inverse. Quant à la formule « économie philosophique grecque », elle tend pour sa part à signifier une sorte d'application ou

---

38 Campagnolo et Gharbi 2017, p. 4-27.
39 Berthoud 2002, p. 9-10.

d'usage des résultats de la pensée philosophique aux pratiques et aux activités économiques. C'est certes ce qui se produit dans le cas des conseils que le philosophe – par exemple Socrate dans l'*Économique* de Xénophon ou, de façon plus théorique, le Pseudo-Aristote dans le premier Livre de son *Économique* – donne aux chefs des *oikoi*. Mais ces conseils ne forment que le versant pratique et dérivé de l'objet d'étude théorique qui nous occupe et qui porte sur les discours philosophiques à propos des pratiques et des phénomènes économiques, ce que l'expression « économie philosophique » occulte totalement.

Pour toutes ces raisons, « philosophie grecque de l'économie » se présente comme la formule la plus adéquate. En l'absence de science économique autonome, et dans l'idée que la philosophie est, dans l'antiquité, la gardienne de la rationalité au sens le plus large du terme, on peut généraliser à tous les textes philosophiques grecs portant sur les activités et phénomènes économiques les propos suivants, écrits à propos du seul Aristote :

> Une philosophie *de* l'économie ne pouvait être entendue que comme un génitif objectif, car l'économie y est l'objet d'un discours que seule la philosophie est en mesure de produire. Philosophie de l'économie est dans cette optique une philosophie *sur* l'économie, discours définissant le statut et la place de cette dernière[40].

Affirmer la subordination de la sphère économique à une forme suprême de rationalité n'est pas nier sa spécificité : c'est au contraire signaler, on le verra dans le détail, la reconnaissance, l'attention et l'interrogation minutieuse que le philosophe prête à sa nature et à celle du savoir qu'elle engage, ainsi qu'aux pratiques qui la constituent. Sans doute serait-il plus rigoureux d'employer l'expression au pluriel – « philosophies grecques de l'économie » –, en raison de la variété des positions philosophiques grecques sur le sujet. Maintenir le singulier présente cependant l'avantage de qualifier et de singulariser une manière particulière de penser l'économie. Reste à savoir ce qu'il faut entendre par ce dernier terme, en examinant celui qui lui a donné naissance.

---

40 Berns 2013a, p. 13 (souligné par l'auteur).

L'*OIKONOMIA* N'EST PAS L'ÉCONOMIE

« Économie » : les Grecs ont certes contribué à l'invention du mot, mais ont-ils inventé la chose ? Assurément l'*oikonomia* n'est pas l'économie. Elle s'en distingue au moins par trois caractères : par la nature et la signification d'ensemble de la pratique générale qu'elle engage ; par son caractère segmenté ou partiel par rapport à ce que recouvre l'économie au sens moderne ; et par le type de rationalité qu'elle mobilise. Examinons ces trois points.

Le terme *oikonomia* désigne, au sens large, l'administration de n'importe quel domaine d'activité – religieux, politique, militaire –, ou encore celle de sa propre vie ; et, en un sens restreint qui nous intéresse ici, celle du foyer (*oikos*) – parfois la *polis* – et des biens, matériels et humains, qui le constituent[41]. C'est ce que la seconde partie du mot, « -*nomia* », fait entendre si l'on accepte d'y lire non pas tant « *nomos* », « loi » au sens de règle d'agencement, que la racine « *nemo-* », qui renvoie à l'idée d'habitation par appropriation et agencement[42]. Avec pour objet l'*oikos*, le terme *oikonomia* n'est pas très fréquent dans la prose classique avant Périclès puis Aristote, même si la pratique de l'administration domestique est antérieure au milieu du Vᵉ. Avant que le mot n'apparaisse, ce sont plutôt des périphrases qui ont cours, notamment « *dioikein tèn oikian* », dans laquelle le verbe « *dioikein* » désigne à lui seul l'administration de la cité, voire de l'univers[43]. *Oikonomia* désigne donc, au sens large, la façon d'habiter un domaine, et, en un sens plus spécifique, le domaine domestique, avec les questions particulières qu'un tel habiter implique, et qui ne sauraient être totalement isolées de celles, plus globales, qui concernent ce que signifie habiter le monde.

Prise dans son versant « économique », l'*oikonomia* est une activité plutôt – quoique pas exclusivement – domestique, dont l'économie au sens moderne s'est émancipée, sous la forme de la « ménagerie publique », pour reprendre l'expression de Montchrétien, ou de l'« économie politique », pour employer celle de Rousseau[44]. Cette émancipation est indissociable

---

41   Tsouna McKiharan1996, t. II, p. 701.
42   Singer 1958, p. 36-39. Sur le sens de *nemo* : Laroche 1949, en particulier p. 21.
43   Singer 1958, p. 33-36 et 46-47.
44   Respectivement *Traicté de l'œconomie politique*, 1615 ; *Discours sur l'économie politique*, 1758.

de l'avènement du marché, institution centrale de l'économie moderne comme domaine de réalité et comme étude scientifique de ce même domaine. Lorsque les philosophes grecs parlent, eux, du marché, c'est un espace physique urbain consacré aux échanges qu'ils évoquent, avec ce qu'il engage quant aux rapports éthiques et politiques de ceux qui y interviennent, et non pas l'institution ou le mécanisme qui détermine la valeur d'échange d'un produit ou d'un service sous l'effet des rapports de l'offre et de la demande. Pour cette raison, même si Platon et, en un sens, Aristote, traitent de l'*oikonomia* au niveau de la cité et pas de la seule unité domestique et se rapprochent ainsi de l'économie au sens moderne, on n'est pas fondé pour autant à dire qu'ils l'y identifient. À quoi s'ajoute le fait que des pratiques et des phénomènes relevant de l'économie au sens moderne, comme les échanges commerciaux ou la monnaie, ne relèvent pas, par définition, de l'*oikonomia*, et ne sont pas prises en charge en grec, pas plus qu'en latin[45], par un terme et un concept général qui serait l'équivalent de notre « économie » – Finley a tout à fait raison sur ce point. Le fait que peu de textes antiques envisagent de découper l'économie en secteurs, et encore moins en trois secteurs comme nous en avons l'habitude[46], en est une preuve supplémentaire.

Enfin, les réalités désignées par ces deux termes se distinguent par les types de rationalité qu'elles mobilisent. Celle de l'économie moderne, dans ses dimensions pratique et théorique, est d'ordre instrumental. Elle s'est constituée comme antithèse « de l'esthétique, de l'éthique ou du philosophique[47] », et consiste à faire usage au moindre coût des moyens disponibles en vue de la production et de la distribution du nécessaire, dans le but de maximiser le gain qui se joue entre la sélection et l'agencement des moyens d'une part, et le résultat visé d'autre part. L'économie ainsi entendue, par laquelle prend sens l'idée que les agents économiques, individuels ou collectifs sont invités à être « économes », se fonde sur l'hypothèse de la rareté des ressources, singulièrement absente des sources antiques. S'il n'est certes pas exclu qu'une rationalité de ce genre ait pu être ponctuellement à l'œuvre dans l'antiquité et qu'elle ait orienté les conduites économiques dans des cas très précis, comme le calcul comparé des gains et des risques dans les entreprises

---

45 Andreau 2018, p. 224-226.
46 Andreau 2018, p. 234-235.
47 Polanyi [1977] 2011, p. 65.

commerciales maritimes lointaines ou l'exploitation de concessions minières argentifères[48], il est toutefois difficile de la généraliser, sous peine d'anachronisme. Plus généralement, négliger le fait que les pratiques dites économiques sont inscrites dans un contexte historique, social et culturel qui leur donne sens et les façonne, c'est s'interdire de les comprendre autant que possible dans leurs propres termes – comme cela a pu être le cas d'une étude des activités agricoles égyptiennes au IIIᵉ siècle de notre ère[49].

L'*oikonomia* n'est pas l'économie. Faut-il donc renoncer à étudier la pensée théorique *économique* antique, sous peine de n'avoir rien à étudier du tout ? Faut-il s'abstenir, à propos des mondes antiques, d'employer le terme d'économie lui-même, sauf par commodité ou convention, sur la base d'un consensus reconnaissant que le terme est boiteux mais qu'à tout prendre, c'est le moins mauvais ?

DE L'*OIKONOMIA* À L'ÉCONOMIE

Si le concept d'économie ne convient pas à l'*oikonomia* et semble ne pouvoir être utilisé qu'avec les réserves qu'on a dites, on peut toutefois lire dans cette inadéquation moins le signe d'une absence de l'économie dans le monde antique, qu'une occasion de se demander si, comme l'être pour Aristote, elle ne se dirait pas en plusieurs sens. Car « l'emploi du terme "économique" est entaché de nombreuses ambiguïtés. La théorie économique [moderne] lui confère une signification restreinte dans le temps, qui lui ôte toute valeur en dehors des limites étroites de nos sociétés dominées par le marché[50] ». Mais pourquoi faire dépendre le concept d'économie, comme pratique et comme savoir, du marché ? L'économie n'est-elle pas susceptible, sous ces deux aspects, d'autres modalités et d'autres formes, qui éclaireraient les faces cachées de son concept ?

Ces questions pointent dans une même direction : l'enjeu d'une étude de la réflexion philosophique antique sur l'économie est de contribuer à

---

48   Bresson 2003 ; Christesen 2003.
49   Andreau et Maucourant 1999.
50   Polanyi [1977] 2011, p. 37.

en ébaucher une définition universelle qui, prenant acte de la multiplicité des formes particulières prises par ses phénomènes et ses institutions au cours de l'histoire, ainsi que par les diverses formes théoriques de leur conceptualisation, dessinerait l'armature de ce rapport singulier de l'homme au monde. Certes, on objectera qu'un tel projet présuppose ce qu'il prétend démontrer : à savoir qu'il y a de l'économique en dehors de l'économie moderne. La réponse à cette objection est toutefois simple, pour peu qu'on comprenne que l'investigation philosophique relève d'une logique du sens, et pas seulement d'une logique de l'argumentation ou de la démonstration. En partant de la prémisse élémentaire que l'économie désigne l'ensemble des pratiques que des groupes humains inventent en vue de la satisfaction de leurs besoins, on se dote d'un instrument de recherche à la fois suffisamment délimité pour canaliser la recherche vers son objet spécifique, et assez ouvert pour en accueillir des manifestations, des connexions épistémologiques et des sens très variés. En ce sens, les Grecs pourraient bien changer notre représentation de l'économie, quand bien même – ou plutôt parce que – l'idée qu'ils s'en font prend place autrement dans l'architecture singulière de leur rapport au monde. Ainsi, ce qu'on pourrait décrire comme l'apparent « repli » de l'économie en Grèce par rapport à la place qu'elle occupe dans la modernité, sa configuration et sa signification particulières en lien avec d'autres modalités de la présence de l'homme au monde, dit aussi quelque chose de ce qu'elle est. L'appeler « économie » n'est ni lui imposer une étiquette anachronique qui en dissimulerait la vraie nature ni se donner par avance l'objet qu'on cherche : c'est en présenter un autre visage. Plus précisément encore dans le cas grec, faire le pari d'une philosophie antique de l'économie, au sens défini plus haut, permettrait de montrer que le traitement spécifique par les philosophes des pratiques liées à l'*oikonomia*, soit à l'administration principalement domestique des questions matérielles et humaines, sont étroitement liées chez eux à leurs considérations politiques et éthiques. Elles ne s'y réduisent pas néanmoins, contrairement à ce que le paradigme de l'autonomie de la science économique a fait soutenir à Schumpeter, à Finley et à d'autres à leur suite[51]. Que l'économie antique – et l'*oikonomia* avec elle –, soit effectivement, selon le mot de Polanyi, « intégrée » (*embedded*) dans le

---

51   Amemiya 2007, p. X-XI.

social, ne doit pas conduire à l'y dissoudre, à lui refuser toute dimension proprement économique, et à nier ainsi sa spécificité épistémologique. Il semble qu'il faille plutôt lire dans cette « intégration » le signe de sa centralité pour la *polis*, pour le politique ou le social dans tous ses aspects. L'objet de ce livre n'est pas tant, on le voit, d'écrire un chapitre de l'histoire des idées que de contribuer à un questionnement philosophique sur ce qu'est l'économie, en éclairant l'ensemble des activités et des phénomènes qui lui sont propres à la lumière des réflexions que les philosophes grecs nous ont livrées à son sujet. Reste à se demander où trouver les témoignages pertinents : autrement dit, quel corpus constituer et étudier ?

LE *LOGOS OIKONOMIKOS* ET SON OBJET

En se penchant sur l'*oikos* à partir de la fin du Vᵉ siècle, les philosophes ou les auteurs proches d'eux – peut-être Antisthène le premier avec son non traité Περὶ νίκης οἰκονομικός (*Sur la victoire; économique*)[52] – inauguraient non pas tant un nouveau thème qu'une façon neuve d'en parler, au point qu'on a pu décrire l'apparition des textes anciens consacrés à l'*oikonomia* comme « un événément historique : à une certaine époque, un nouveau genre écrit est né, le *logos oikonomikos*, qui parlait d'*oikonomia*[53] ». De quoi était-il question ? Si l'on exclut qu'il ait pu s'agir d'une science du marché, faut-il croire « qu'on ne déforme pas la réalité en disant que l'*oikonomia* est une science du profit[54] » ?

Cette interprétation semble difficile à soutenir, à la fois parce qu'elle restreint le sens des textes relevant du *logos oikonomikos*, et qu'elle limite du même coup le type d'écrits susceptibles d'en faire partie. Ces derniers, selon nous, ne se composent pas uniquement des traités d'économie domestique *peri oikonomias* et des traités proposant réflexions ou stratagèmes pour s'enrichir, comme les traités socratiques du type *peri tou*

---

52 D.L. VI, 16.
53 Descat 1988, p. 104.
54 Descat 1988, p. 111. Voir aussi l'exposé des hypothèses de Descat par Pébarthe 2012, p. 133-134.

ergazesthai, peri tou ôphelimou, peri epimeleias, peri chrêmatôn, peri philokerdous, suivis des traités *peri ploutou* de l'époque hellénistique[55]. La question de la nature de la richesse et des façons de l'obtenir est certes présente dans le *logos oikonomikos* mais elle ne suffit pas à rendre compte de toutes les dimensions des ouvrages qui en relèvent, notamment des traités *peri oikonomias.* Outre qu'ils examinent bien d'autres sujets, la visée première de ces ouvrages n'est pas tant l'enrichissement que le bien agir dans le domaine économique en général, et en ce qui concerne l'administration domestique et agricole en particulier – l'enrichissement n'étant qu'un aspect et qu'une version possible de ce « bien agir ». C'est ce que permet de saisir le changement de méthode annoncé plus haut à propos de l'étude de ces textes : en lieu et place d'une énumération successive des positions tenues par les divers auteurs ou courants philosophiques antiques sur l'*oikonomia* – méthode qui disperse et assèche la teneur philosophique de ces réflexions en les réduisant à un contenu positif détaché du questionnement qui les a fait naître – seule une approche par problèmes et concepts communs, que l'étude minutieuse de l'architecture des traités sur l'*oikonomia* aide à dégager, permet de brosser le portrait général de cette pensée théorique antique de l'économie en faisant droit à sa dimension philosophique. L'objet premier de ces textes est moins de prescrire ou de donner des conseils d'intendance ou de technique agricole que de susciter la réflexion à propos de questions conceptuelles posées par des phénomènes et des pratiques économiques, y compris dans les traités en apparence les moins philosophiques, comme celui du Pseudo-Aristote dont Finley signale le caractère remarquable... pour sa « complète banalité[56] » ! Encore une fois, ces traités peuvent bien contenir des positions variées, ils n'en obéissent pas moins à un plan général relativement similaire[57], et mobilisent des questions et des concepts communs, faisant du *logos oikonomikos* un genre philosophique à part entière.

Sur la base d'une telle méthode, on peut distinguer au moins quatre sortes de textes relevant du *logos oikonomikos*[58]. L'ensemble le plus évident est constitué de ceux consacrés à l'*oikonomia* domestique : ils portent

---

55 Voir Descat 1988, p. 111, notes 27-29 pour les références précises de ces textes.
56 « crashing banality », Finley 1973, p. 20.
57 Voir la reconstitution proposée par Natali 1995, p. 99-100.
58 Sur la diversité des textes antiques consacrés à l'*oikonomia* : Leshem 2012, p. 4-5.

sur l'administration du domaine familial dans ses dimensions à la fois matérielle et humaine, avec une relative constance dans les questions examinées. Les traités de ce genre qui nous sont parvenus intégralement sont l'*Oikonomikos* (*Économique*) de Xénophon et celui – du moins son premier Livre – de ce disciple inconnu d'Aristote, le Pseudo-Aristote, que Philodème de Gadara estime être Théophraste, le successeur d'Aristote à la tête du Lycée[59]. Cinq autres traités nous sont parvenus sous forme fragmentaire. Le plus étendu est le Livre IX du traité *Des Vices* du même Philodème. Appelé par commodité *L'Économie*, il ne porte pas de titre mais concerne explicitement l'*oikonomia* et s'ouvre sur une critique des traités de Xénophon et de Théophraste (ou du Pseudo-Aristote). Les autres traités fragmentaires sont : l'*Oikonomikos* et *Sur le bonheur de l'*oikos, respectivement attribués aux pythagoriciens Bryson et Callicratidas[60] ; le traité *Oikonomikos* du stoïcien Hiéroclès[61] ; et le traité du même titre de Dion de Pruse, influencé par les stoïciens et les cyniques[62]. Nous connaissons aussi l'existence de traités perdus comme l'*Oikonomikos* d'un élève de Platon, Xénocrate, ou le déjà cité *Sur la victoire : genre économique* (*Peri nikès oikonomikos*) d'Antisthène[63]. Tous ces textes sont l'œuvre de philosophes ou d'auteurs ayant vécu à un moment de leur trajectoire intellectuelle dans le cercle d'un philosophe ou d'une école philosophique.

Autre source importante, qui échappe à ceux qui limitent le *logos oikonomikos* aux traités *peri oikonomias* et aux ouvrages portant sur la richesse et l'enrichissement, mais que notre méthode permet de repérer : certaines œuvres de philosophie politique abordent l'*oikonomia* et l'*oikos* en les articulant à une réflexion sur la *polis* et la façon de la rendre juste. En apportant sur le terrain de la cité les questions et les concepts des traités *peri oikonomias*, ils leur donnent une nouvelle portée, en liant l'économie domestique aux phénomènes et aux institutions économiques de l'ensemble de la cité, comme la monnaie ou le commerce par exemple, ainsi qu'à ses orientations politiques. S'il est donc vrai qu'Aristote n'a

---

59 Le Livre II de cet ouvrage consiste en une série de stratagèmes financiers inventés par des politiques en défaut de numéraire ; le Livre III, en latin et non en grec comme les deux précédents, est un traité sur les relations conjugales. Sur la composition de l'ensemble de l'ouvrage, et en particulier le Livre II : Groningen 1933.

60 Cités ici d'après Thesleff 1965, p. 56-58 et 102-107.

61 Ramelli 2009, p. 92-95.

62 Fr. Hense IV-IX. Sur la double influence subie par Dion de Pruse : Brunt 1973.

63 Respectivement D.L. IV, 12 et VI, 16.

pas écrit de traité séparé intitulé *Oikonomikos*, comme Finley en fait la remarque[64], et Platon non plus, tous deux n'en ont pas moins traité de l'*oikonomia*, le premier dans les *Politiques*, et le second dans la *République*, les *Lois* et le *Politique*[65]. Dans ces ouvrages, l'*oikonomia* fait l'objet de considérations étendues, certes pas autonomes mais facilement localisables.

Il est légitime de mettre également au compte du *logos oikonomikos* les réflexions sur les conditions des actions éthiques liées à la satisfaction de nos appétits, réflexions qui engagent souvent des considérations sur le travail, l'argent, les échanges, la richesse et la pauvreté. Ainsi des épicuriens ou des cyniques : si leurs développements sur l'*oikonomia* et l'*oikos* sont peu nombreux, ils livrent en revanche nombre de réflexions sur le rapport entre le bonheur et la limite naturelle de nos appétits. Ainsi se dessinent les linéaments de ce que serait une économie conforme à ces principes éthiques, que l'exégète n'a plus qu'à rassembler[66]. Il ne s'agit pas là de pensées relevant de l'« éthique de l'économie » proprement dite ou de « l'éthique des affaires[67] », laquelle consiste à s'interroger sur la valeur ou les principes éthiques à l'œuvre dans des actions ou des institutions de nature économique. C'est plutôt ici, à l'inverse, le versant économique de l'éthique qui est mis en valeur, comme dans les traités *Sur la Richesse* des épicuriens Métrodore et Philodème[68], ou à propos d'une pratique commerciale, comme les Stoïciens en offrent l'illustration dans un débat rapporté par Cicéron (*De Officiis* III, 51-55) entre le philosophe stoïcien Diogène de Babylone et son disciple Antipater de Tarse[69].

Enfin, on trouve souvent chez ces philosophes ou ces auteurs nourris de philosophie des développements sur des institutions ou des phénomènes économiques liés à la cité et qui n'ont pas toujours de rapport direct avec le thème de l'*oikonomia* domestique, à la différence du second type de texte évoqué plus haut. Par exemple, Xénophon s'interroge dans les *Revenus* (*Poroi*) sur la façon de procurer des revenus stables à Athènes. L'Anonyme de Jamblique, pour sa part, souligne l'importance de la confiance dans la circulation de l'argent et son rôle bénéfique pour la

---

64 Finley 1973, p. 21.
65 Pour Aristote, voir Nagle 2006. Pour Platon, voir Helmer 2010 et Föllinger 2016.
66 Par exemple Helmer 2013.
67 Sur ce sujet : Anquetil 2008.
68 Métrodore : D.L. X, 24. Philodème : *Sur la richesse*, Vol. Herc. 2, III.91, 96, 98, 101 = Usener 42-45. Philodème se réfère à son propre texte dans *Des Vices* IX, XII, 21.
69 Sur ce texte : Annas 1989.

richesse publique[70]. Quant au Livre II de l'*Économique* du Pseudo-Aristote, il évoque, à côté de l'*oikonomia* particulière ou domestique, une *oikonomia* « royale, une satrapique, une politique » (*Écon.* II, 1, 1345b4-5), et présente une série d'anecdotes sur les ruses et procédés déployés par des hommes politiques pour se procurer de l'argent dans des situations critiques. Tous ces phénomènes ont pour nous un caractère économique, comme ils en avaient sans doute un aussi pour les anciens, ce qui ne veut pas dire qu'il s'agissait du même.

Le corpus, on le voit, est large. Mais il n'en est pas moins organisé de façon relativement claire pour qui tente de comprendre ce que l'économie sans nom des Grecs pouvait bien signifier : d'un côté, l'*oikonomia* principalement domestique ; de l'autre, ce qui concerne les échanges, le commerce, la monnaie et l'espace des marchés. Sur quoi porte donc cette philosophie antique à l'œuvre dans les textes relatifs à l'*oikonomia*, qui font l'objet de ce volume ? Pour le comprendre, suivons l'ordre des questions que ces textes soulèvent : avant d'analyser les opérations constitutives de l'*oikonomia*, c'est son objet qui fait débat, c'est-à-dire son lieu et, par là, le type de savoir qu'elle constitue, soit son statut épistémologique.

---

70 *Protreptique* 20, 102. 22-103.3 (E. Pistelli (ed.). (1888). *Iamblichi Protrepticus*. Leipzig : Teubner).

L'OBJET ET LE STATUT CONTROVERSÉS
DU SAVOIR *OIKONOMIQUE*

De quoi l'*oikonomia* est-elle le savoir ? Et quelle sorte de savoir est-elle ? La transparence de son nom, dira-t-on, répond à la première question : elle est le savoir de l'administration de l'*oikos* ou de l'*oikia*, qui en est l'objet. À preuve, ces lignes empruntées à Critobule au début de l'*Économique* de Xénophon, en réponse à la question que Socrate lui pose quant à la finalité de l'*oikonomia* : « Il me semble, dit Critobule, qu'il est d'un bon économe de bien administrer sa maison ([…] οἰκονόμου ἀγαθοῦ εἶναι εὖ οἰκεῖν τὸν ἑαυτοῦ οἶκον, *Écon.* I, 2). Ou encore lorsque le Pseudo-Aristote présente la fonction ou finalité de l'*oikonomia*, qui porte sur la maison ou *oikos*, par analogie avec celle de la politique, qui porte sur la cité ou *polis* :

> La politique, elle, a pour objet à la fois la constitution de la cité depuis son origine, et son bon usage une fois constituée ; aussi est-il évident qu'on peut en dire autant de l'art oikonomique, qui a pour objet l'acquisition de la maison et son usage. (*Économique* I, 1, 1343a7-9 ; trad. Wartelle modifiée)

Généraliser une telle réponse et l'admettre sans plus d'examen serait toutefois inexact pour deux raisons. D'une part, ce serait négliger le fait que l'*oikonomia* porte parfois sur la *polis* plutôt que sur l'*oikos*, comme c'est le cas dans une certaine mesure chez Platon et, d'une autre façon, chez Xénophon. D'autre part, quand certains ont reconnu, sur la base de témoignages relatifs à Périclès ou empruntés au Pseudo-Aristote, que l'*oikonomia* pouvait aussi porter sur la cité ou toute autre entité politique, ce fut le plus souvent en suivant un schéma jamais interrogé selon lequel l'*oikonomia* aurait été *d'abord* une pratique purement domestique qui aurait *ensuite* franchi les murs du foyer pour s'appliquer à la cité[1]. Cette supposée séquence chronologique a parfois été conçue aussi comme

---

1   Par exemple Natali 1995, p. 97-99.

une séquence logique, comme si, de l'*oikos* à la *polis*, l'*oikonomia* passait
« naturellement » du plus simple au plus complexe, du plus petit au plus
grand. Un tel passage, que refléterait l'évolution sémantique supposée du
terme *oikonomia* et son « élargissement au domaine public » à partir du
IVe siècle[2] – élargissement dont certains fondateurs de l'économie politique
moderne contribuèrent à entretenir la fiction[3] – semble certes corroboré
par certains textes anciens eux-mêmes. Par exemple, Xénophon fait dire
à Socrate que l'administration réussie de l'*oikos* est propédeutique aux
fonctions politiques, l'art du commandement étant un art unique dans
tous les « genres d'activités, agriculture, politique, économie domestique
(οἰκονομικῇ), conduite de la guerre[4] ». De même, l'*Économique* du Pseudo-
Aristote fait se succéder un premier Livre consacré à l'*oikonomia* au sens
d'administration de l'*oikos*, puis un second portant sur l'*oikonomia* au
sens d'administration de divers territoires civiques. Dans les *Politiques*,
Aristote commence lui aussi par analyser l'*oikos* avant d'en venir à la
cité. Pourtant, les éléments de preuve en faveur de cette extension historique du domaine de l'*oikonomia* sont faibles : en particulier, l'évolution
sémantique du terme est si incertaine que certains, après avoir pourtant
défendu l'idée du passage du plus petit au plus grand, en sont venus à
soutenir l'idée inverse, celle d'une *oikonomia* ayant d'abord eu pour objet
la gestion des ressources publiques de la *polis*, puis dans un second temps,
celle des ressources privées des maisons particulières[5]. Toutefois, quel
qu'ait été l'ordre réel de succession, se focaliser sur cette seule question
laisse échapper l'essentiel : à savoir que les philosophes grecs débattent,
parfois avec âpreté, de la question de savoir *quel est* l'objet de l'*oikonomia*,
entre *oikos* et *polis*. Quand ils optent pour l'un de ces deux termes, c'est
toujours sur fond d'une discussion, parfois implicite, avec leurs adver-
saires théoriques, qui adoptent l'autre. Loin d'être techniques, les termes
de ce débat engagent des visions parfois antithétiques de la politique,
de l'« économie » et de l'homme, parce qu'il a pour enjeu une question

---

2   Descat 1988, p. 107.
3   « ÉCONOMIE ou OECONOMIE (Morale et Politique) : ce mot vient de *oikos*, maison,
    et de *nomos*, loi, et ne signifie *originairement* que le sage et légitime gouvernement de la
    maison, pour le bien commun de toute la famille. Le sens de ce terme a été *dans la suite*
    étendu au gouvernement de la grande famille, qui est l'État », Rousseau, *Encyclopédie*,
    1755 (je souligne).
4   *Écon.* XXI, 2. Voir aussi *Écon.* XIII, 5 et *Mém.* III, 6, 14 pour la fonction propédeutique
    de l'économique.
5   Descat 2010, p. 407.

philosophique centrale : qu'est-ce qui distingue, ou au contraire apparente, l'économique et le politique – entendons : quelle différence entre une communauté politique et une communauté *oikonomique*, quels écarts et quelles passerelles entre la compétence politique et la compétence *oikonomique* ? Le débat, on le voit, n'a rien perdu de son actualité.

Quant à la question du statut épistémologique de l'*oikonomia*, elle brille tout simplement par son absence dans la littérature académique moderne, pour la raison évoquée dans le chapitre précédent : elle ne mériterait pas qu'on s'y intéresse, l'*oikonomia* n'étant au mieux, croit-on, qu'un savoir ou un savoir-faire empirique, qu'une accumulation d'observations sans règle ni principe, ne dépassant pas le bon sens ou le sens commun. Pourtant, là encore, quoiqu'avec moins d'ampleur que dans le cas précédent, les philosophes grecs sont engagés dans un débat qui pourrait bien encore nous parler. Ce sont ces deux débats – le premier sur l'objet problématique de l'*oikonomia* et le rapport entre l'art *oikonomique* et l'art politique, le second sur son statut épistémologique – qu'il importe de restituer pour saisir la dimension philosophique de l'approche grecque en matière d'économie.

DEUX QUESTIONS LIMINAIRES
L'*oikonomia* est-elle similaire à la politique, l'*oikos* à la *polis* ?

L'interrogation sur la proximité, voire l'identité, ou la différence entre l'*oikos* et la *polis*, ainsi qu'entre les arts respectifs permettant de diriger ces deux communautés – l'art *oikonomique* et la politique – est omniprésente dans la littérature économique antique. L'importance de cette question est lisible dans la place liminaire qu'elle occupe dans la plupart des textes concernés. Ainsi, quelques lignes après le début des *Politiques*, Aristote présente, pour la récuser, une position tenue à son époque sur ce sujet :

> Quant à ceux qui pensent qu'être homme politique, roi, chef de famille, maître d'esclaves (πολιτικὸν καὶ βασιλικὸν καὶ οἰκονομικὸν καὶ δεσποτικὸν), c'est la même chose, ils n'ont pas raison. C'est, en effet, selon le grand et le

petit nombre, pensent-ils, que chacune de ces <fonctions> diffère des autres,
et non pas selon une <différence> spécifique : ainsi <quand on commanderait>
à peu de gens, on serait maître, à plus de gens chef de famille, et à encore
plus homme politique ou roi, comme s'il n'y avait aucune différence entre
une grande famille et une petite cité (μεγάλην οἰκίαν ἢ μικρὰν πόλιν). [...] Eh
bien, tout cela n'est pas vrai. (*Politiques* I, 1, 1252a8-16)

Sans expliquer encore ce que sont ou quels devraient être leurs liens,
Aristote annonce ici sa thèse : l'économique et la politique, comme
l'*oikos* et la *polis*, sont deux choses distinctes. Il s'oppose ainsi à ceux qui
ne voient qu'une différence de taille entre les deux. Qui donc est visé ?
On a coutume de croire qu'il s'agit de Xénophon et de Platon[6]. En ce
qui concerne ce dernier, c'est le passage suivant, au début du *Politique*,
qui serait la cible d'Aristote :

L'Étranger – Et celui qui possède [la science royale], qu'il gouverne ou soit
un simple particulier, est-ce qu'il ne sera pas, en raison de sa compétence,
tout à fait correct de l'appeler « royal » ?
Socrate Le Jeune – Oui, ce serait juste.
– De plus, un intendant et un maître d'esclaves, c'est la même chose (καὶ
μὴν οἰκονόμος γε καὶ δεσπότης ταὐτόν).
– Assurément.
– Mais alors ? Pour ce qui est de gouverner, y aurait-il une différence entre la
structure d'un grand lieu de résidence (οἰκήσεως) et le volume d'une petite cité ?
– Aucune.
– Il est donc évident [...] que tout cela relève d'une science unique ; et
qu'on la nomme royale, politique ou domestique (ταύτην δὲ εἴτε βασιλικὴν
εἴτε πολιτικὴν εἴτε οἰκονομικήν), cela ne fera pour nous aucune différence.
(*Politique* 259b-c)

Faute de tenir compte de la place liminaire de ce passage dans
l'ensemble du dialogue, on a cru lire en lui le dernier mot de Platon sur
l'identification de la cité et de l'*oikos* : ces deux communautés seraient
selon lui identiques, à la différence de taille près, et l'économique et
la politique seraient donc deux compétences semblables. Attribuer
cette position à Platon est cependant difficilement tenable, pour un
ensemble de raisons qu'il n'est pas possible de mentionner toutes ici[7].
Notons seulement que dans ce passage, Platon n'emploie pas le terme
oikos mais celui d'*oikêsis*, qui désigne plus généralement un lieu de

6   Par exemple Pellegrin 1993, p. 85 note 2 ; et Descat 1988, p. 108.
7   Pour une analyse détaillée : Helmer 2010, p. 210-221.

résidence, pas nécessairement domestique mais assurément pas encore politique au sens de lieu organisé selon les institutions de la *polis*[8]. Or l'enjeu central du *Politique* est précisément de distinguer la nature spécifique de la compétence politique de toutes les autres, en particulier des compétences économiques. Et les personnages de Platon ont beau mentionner conjointement la maison et la cité dans d'autres dialogues, rien ne permet de conclure qu'ils les assimilent, ni que Platon lui-même prenne cette éventuelle assimilation à son compte[9]. On apportera plus bas des éléments de preuve supplémentaires, mais observons pour l'heure que Platon, comme ses contemporains, fait de la question de l'identité ou de la différence entre *oikonomia* et politique, et entre *oikos* et *polis*, une incontournable question préliminaire de sa philosophie politique.

C'est à juste titre, en revanche, que Xénophon est évoqué comme cible du texte d'Aristote par lequel nous avons commencé. La question de la nature respective des communautés domestique et civique, et des compétences requises pour bien les diriger, se trouve en effet formulée comme telle dans un passage des *Mémorables* (III, 4, 1-12). À la différence des exemples précédents, ce passage n'apparaît toutefois pas au début de l'ouvrage, peut-être parce que celui-ci ne relève pas spécifiquement du *logos oikonomikos*, ou parce qu'il évoque l'*oikonomia* sans en faire pour autant un enjeu central de sa réflexion. Quoi qu'il en soit, l'interrogation sur les similitudes et les différences entre l'économie domestique et la politique est suscitée par la surprise et la déception de Nicomachidès, soldat expérimenté, de voir les Athéniens lui préférer Antisthène pour assumer le poste de stratège. Selon Nicomachidès en effet, « Antisthène n'a jamais servi comme hoplite, n'a jamais rien fait de saillant dans la cavalerie, et ne sait rien qu'amasser de l'argent » (*Mém.* III, 4, 2). Socrate, son interlocuteur, suggère alors que la compétence économique domestique, tout comme celle de chorège, est très pertinente pour faire un bon stratège, ce qui provoque l'incrédulité de Nicomachidès :

> – Tu dis donc, Socrate, que le même homme peut être à la fois bon chorège et bon stratège ? – Je dis, qu'un homme qui, placé à la tête de quoi que ce

---

8   Voir par exemple Aristote : « Le citoyen n'est pas citoyen par le fait d'habiter tel endroit, car des métèques et des esclaves partagent leur résidence (τῆς οἰκήσεως) avec lui », *Pol.* III, 1, 1275a8. La mention des métèques laisse penser que *oikêsis* ne désigne pas ici la maison mais l'espace de la cité.

9   Par exemple *Ménon* 91a ; *Protagoras* 318e-319a.

soit, sait ce qu'il faut et se le procure, sera un excellent directeur, qu'on le
place à la tête d'un chœur, d'une maison, d'une cité (εἴτε οἴκου εἴτε πόλεως),
d'une armée. Alors Nicomachidès : Par Zeus, Socrate, je n'aurais jamais cru
t'entendre dire que les bons administrateurs domestiques (οἰκονόμοι) peuvent
être bons généraux. – Eh bien, examinons les actions des uns et des autres, et
voyons si ce sont les mêmes ou si elles sont différentes. – Tout à fait, dit-il. (*Mémorables*
III, 4, 6-7 ; trad. Dorion modifiée ; je souligne)

Le Socrate de Xénophon, on verra plus bas comment, rapprochera
étroitement la compétence économique et la politique, ainsi que la
maison et la cité.

Dans l'*Économique*, le Pseudo-Aristote est fidèle à Aristote, jusqu'à
un certain point du moins. Comme lui, dès les premières lignes de son
traité, il aborde la question de la différence et de la similitude entre
oikonomia et politique, entre *oikos* et *polis* :

Il n'y a pas seulement entre l'art économique et l'art politique (ἡ οἰκονομικὴ
καὶ πολιτικὴ) autant de différence qu'il y a entre la famille et la cité (οἰκία καὶ
πόλις) [...] mais encore celle-ci : la politique est l'affaire de beaucoup de chefs,
l'économique d'un seul. Certains parmi les arts comportent des divisions :
ce n'est pas au même qu'il appartient de produire et d'utiliser le produit,
comme dans le cas de la lyre et de la flûte ; la politique, elle, a pour objet à
la fois la constitution de la cité depuis l'origine, et son bon usage une fois
constituée ; aussi est-il évident qu'on peut en dire autant de l'économique,
qui a pour objet l'acquisition de la maison et son usage. (*Économique* I, 1,
1343a1-9 ; trad. A Wartelle modifiée)

Même si, comme chez Aristote, les deux premières lignes de ce passage
laissent imaginer une différence de nature qui n'est pas encore précisée
entre *oikia* et *polis*, la fidélité du Pseudo-Aristote à son maître s'arrête là.
Car contrairement à lui, il donne non seulement à la différence quantitative ou numérique une importance de premier plan en évoquant le
nombre des chefs respectifs de la cité et de la maison, mais il inscrit en
outre cette différence quantitative sur fond d'identité fonctionnelle –
l'art économique et l'art politique seraient tous deux à la fois des arts
d'acquisition *et* d'usage – ce qu'Aristote récuse également.

Même les philosophes plus enclins à laisser la politique de côté dans
leurs développements sur l'*oikonomia* y consacrent néanmoins quelques
mots, en soulevant précisément la question de leur similitude ou de leur
différence. C'est le cas de Philodème de Gadara, quelques paragraphes

après le début de l'*Économie*. Conformément à l'école épicurienne qui, sans rejeter la politique, lui octroie toutefois une place secondaire en comparaison de l'éthique[10], Philodème l'évoque brièvement dans sa critique de l'*Économique* de Théophraste[11] :

> Superflue assurément son entrée en matière, car cela n'intéresse en rien la compétence *oikonomique* (οἰκονομικὴν) qu'« elle diffère de la politique », même s'il est faux de dire que, dans l'absolu, « la politique » n'est pas « l'affaire d'un chef unique » tandis que dans l'absolu, « l'économique (οἰκονομικὴν) l'est », et qu'il n'y a jamais d'analogie entre les deux. (*Des Vices* IX, VIII, 7-8 ; trad. Delattre et Tsouna modifiée)

Pour rapide que soit l'allusion, Philodème semble estimer que ce point est suffisamment important pour faire l'objet de sa critique, comme si, là encore, il fallait préciser d'emblée le rapport entre *oikonomia* et politique[12].

La plupart des auteurs grecs qui réfléchissent à l'*oikonomia* font donc de la question de sa différence ou de sa similitude avec la politique une étape préliminaire incontournable de leur réflexion, qui engage aussi en général un questionnement similaire à propos de la cité et de l'*oikos*. Reste à voir comment ils conçoivent leurs rapports.

SIMILITUDE OU IDENTITÉ ?

L'ÉTROITE SIMILITUDE ENTRE *OIKOS* ET *POLIS*, ENTRE *OIKONOMIA* ET POLITIQUE

Deux relations principales se dessinent entre les deux pôles : l'étroite similitude ou la différence articulée. Le pythagoricien Callicratidas et Xénophon sont de bons représentants de la première tendance. Dans un fragment de *Sur le bonheur de l'*oikos, Callicratidas pose une relation d'analogie entre, d'un côté, la cité et l'*oikos*, et, de l'autre, le cosmos :

---

10 Brown 2009 ; et Morel 2007.
11 C'est-à-dire de celui que nous nommons le Pseudo-Aristote.
12 Philodème lisait sans doute un texte distinct du nôtre, car dans la version de l'*Économique* dont nous disposons, Théophraste (ou le Pseudo-Aristote) ne dit pas qu'il n'y a pas d'analogie entre économique et politique.

C'est selon le même principe que sont organisées, dans les affaires humaines, la maison et la cité, et dans les affaires divines, le cosmos ; car la maison et la cité sont des imitations analogiques de l'organisation du cosmos. (*Sur le bonheur de l'*oikos, Stob. 4.28.17 p. 685 He. [Mullach 2, p. 31] Thesleff 1965, p. 105[13])

L'adjectif « analogique » employé dans ce passage se justifie par le fait que la ressemblance ou la similitude entre la maison et la cité se fonde sur un modèle commun : celui de l'organisation de l'univers, dont elles « sont des imitations, conformément à la proportion[14] ». Quelques lignes avant ce passage, Callicratidas a en effet présenté l'univers comme un ensemble harmonieux d'éléments disparates, à l'image d'un chœur musical ou du plan de construction d'un navire dont les composantes s'agencent en vue d'une finalité unique, tournée vers ce qui est le mieux dans chaque cas – la beauté du chant dans un cas, la sécurité et la vitesse dans l'autre. L'harmonie de l'univers est néanmoins supérieure à toute autre, en ce qu'elle est d'origine divine. Elle est donc la meilleure, et elle est parfaitement « politique » (πολιτικά) au sens où elle est en vue du tout du monde, de toutes ses parties, aussi bien de celles qui gouvernent que de celles qui sont gouvernées. Selon un schéma de pensée fréquent chez les pythagoriciens[15], l'*oikos* et la *polis* sont des adaptations de ce modèle cosmique que Callicratidas emploie pour présenter la relation conjugale dans l'*oikos* sur un mode similaire à ce qui se passe (ou doit se passer) dans la cité : le mari doit commander à son épouse non pas uniquement dans son intérêt à lui ni seulement dans le sien à elle, mais dans l'intérêt de leur communauté. La suite du texte évoque une condition de possibilité de cette communauté domestique : l'égale puissance économique et sociale entre les époux, sans laquelle le mari sera en conflit avec sa femme si elle est plus riche que lui – elle cherchant à commander, lui refusant d'obéir – ou sans laquelle la réputation du mari et de sa famille sera assombrie si sa femme est de moindre extraction que lui[16].

Ce bref passage de Callicratidas ne permet pas, cependant, de tirer de plus amples conclusions sur le rapprochement entre *oikos* et *polis*. Tout au plus peut-on dire que Callicratidas affirme la similitude de la

---

13 Les fragments de Callicratidas sont cités d'après l'édition Thesleff 1965, p. 102-107. Je les traduis et ajoute en référence le numéro de la page de son édition.
14 Delatte 1922, p. 164.
15 Delatte 1922, p. 167.
16 Stob. 4.28.18 p. 687 He. (Mullach 2 p. 30), Thesleff 1965, p. 106.

finalité *générale* de l'*oikos* et de la *polis* – former un tout harmonieux – sans que cela implique nécessairement une identité de leurs finalités *particulières* respectives – procurer le nécessaire dans un cas, gouverner les hommes dans l'autre.

C'est vers l'œuvre de Xénophon qu'il faut se tourner pour trouver une représentation plus précise de l'étroite similitude entre les domaines politiques et économiques. Cette similitude porte sur cinq points.

1) Pour les personnages de Xénophon, maison et cité ne diffèrent qu'en taille, pas en nature. La maison est non pas la métaphore de la cité[17], mais une cité miniature :

> Socrate – Ne méprise donc pas, Nicomachidès, les hommes qui s'occupent de l'économie domestique (τῶν οἰκονομικῶν ἀνδρῶν). Car le soin des affaires des particuliers ne diffère que par le nombre (πλήθει) de celui des affaires publiques : tous les autres points sont similaires (τὰ δὲ ἄλλα παραπλήσια ἔχει) ; et l'essentiel, c'est que les unes et les autres ne peuvent se traiter que par des hommes, et que ce ne sont pas tels hommes qui font les affaires privées, et tels autres les affaires communes, que ceux qui dirigent les affaires communes n'emploient pas certains hommes, et certains autres ceux qui administrent les affaires privées (οἷσπερ τὰ ἴδια οἰκονομοῦντες). (*Mémorables* III, 4, 12 ; trad. Dorion modifiée)

2) Que la maison soit très semblable à la cité est confirmé par le fait que, dans l'*Économique*, pour enseigner la justice au personnel de sa maison, en particulier au responsable des travaux agricoles, Ischomaque fait des emprunts « tantôt aux lois de Dracon, tantôt aux lois de Solon » (*Écon.* XIV, 4), ainsi qu'à celles du Grand Roi (*Écon.* XIV, 6), et qu'il invite sa femme à penser sa fonction domestique par analogie avec le gardien des lois dans la cité :

> Ischomaque – Je lui [i.e. à sa femme] enseignais que, dans les cités (ἐν ταῖς πόλεσιν) soumises à de bonnes lois, les citoyens ne jugent pas suffisant de se donner de bonnes lois ; ils désignent en outre comme gardiens des lois des hommes qui, exerçant une surveillance, louent ceux qui se conforment aux lois, punissent quiconque les viole. [15] J'invitai donc ma femme à se considérer, elle aussi, comme une gardienne des lois pour les affaires de notre maison (τῶν ἐν τῇ οἰκίᾳ) [...]. (*Économique* IX, 14-15 ; trad. Chantraine modifiée)

Ce passage ne permet pas de conclure, certes, que la maison et la cité sont totalement identiques, mais il indique clairement qu'elles reposent

---

17 Contrairement à Plácido Suárez 2001, p. 20.

sur des principes directeurs similaires, d'origine politique. Cette similitude explique que la direction des affaires politiques et économiques
est l'affaire des mêmes hommes, non de spécialistes différents, comme
Socrate l'explique à Nicomachidès à la fin du passage des *Mémorables*
cité plus haut.

3) L'*oikos* et la *polis* ont une finalité commune : la croissance. En ce
qui concerne l'*oikos*, la croissance est mentionnée dans la définition de
l'*oikonomia* à laquelle aboutissent Socrate et Critobule dans l'*Économique* :

> Eh bien, dit Socrate, le nom d'économie (οἰκονομία) nous a semblé être celui
> d'un savoir (ἐπιστήμη), et ce savoir nous apparaissait comme celui qui permet
> aux hommes d'accroître leur maison (οἴκους ... αὔξειν) [...]. (*Économique* VI,
> 4 ; trad. Chantraine modifiée)

On retrouve cette indication dans les propos d'Ischomaque à sa femme :

> Le devoir d'un homme et d'une femme sages est de s'efforcer de maintenir
> leur avoir dans le meilleur état possible, et de l'accroître (ὅτι πλεῖστα) autant
> que possible par des moyens beaux et justes. (*Économique* VII, 15 ; trad.
> Chantraine modifiée)

À son épouse qui lui demande alors comment elle peut contribuer à
cette croissance (ἂν [...] συναύξοιμι τὸν οἶκον, *Écon.* VII, 16), Ischomaque
répond en lui indiquant les tâches que la nature a confié aux femmes
dans l'*oikos* (*Écon.* VII, 17-32), et en lui signalant en particulier toute
l'importance de la conservation des biens acquis (*Écon.* VII, 33 ; 39-40),
notamment par le rangement ordonné de tout ce qui entre dans la
maison (*Écon.* VIII, 1-IX, 10)[18].

Concernant la cité, Socrate explique à l'ambitieux Glaucon que la
compétence politique consiste, entre autres, à faire croître la cité, que
cette croissance soit matérielle ou, plus largement, augmentation de
puissance et de force symbolique :

> Glaucon, dit-il, tu t'es donc mis dans la tête de gouverner notre cité ? – Mais
> oui, Socrate. – Par Zeus, c'est le plus beau des projets qu'un homme puisse
> former : car il est clair que, si tu parviens à ton but, tu seras capable d'obtenir
> tout ce que tu désireras, de servir tes amis, de faire briller la maison pater-
> nelle, d'agrandir ta patrie (αὐξήσεις δὲ τὴν πατρίδα) [...]. (*Mémorables* III, 6,
> 2 ; trad. Dorion modifiée)

---

18   Sur ce thème : voir plus bas le chapitre « Conserver ».

La dernière expression de ce passage, parallèle à ce qui a été dit de la maison dans les extraits de l'*Économique* cités juste avant, confirme que l'*oikos* et la *polis* visent un même but.

4) Le modèle comptable présenté par Xénophon pour la maison et la cité est en grande partie le même : dans les deux cas, il s'agit de trouver l'activité la plus lucrative (κερδαλεωτάτη, κερδαλεώτερον, *Revenus* III, 1 ; V, 11), le gain étant calculé soit en valeur absolue, soit de façon relative grâce à une diminution des dépenses. Ces dernières, selon un modèle comptable que Périclès aurait appliqué à la cité et à sa maison, doivent être prises dans les deux cas non sur le capital – comme le font les tyrans insatiables – mais, sur les excédents dégagés[19]. La croissance évoquée dans le point précédent est donc à entendre à la fois comme croissance absolue, mais aussi comme croissance relative obtenue par la maîtrise ou la baisse des dépenses.

La cité, pour commencer par elle, dispose selon Xénophon de deux moyens principaux pour croître à partir de ses propres ressources – donc en excluant le recours à la guerre et à la conquête. Le premier consiste en une politique commerciale attractive à destination des étrangers. Inciter les marchands à venir commercer à Athènes en accordant des distinctions « à ceux qui paraîtraient utiles à la cité par l'importance de leurs vaisseaux et de leurs cargaisons » (*Revenus* III, 4), devrait se traduire par une croissance mécanique du volume d'affaires traitées à Athènes, avec des retombées économiques d'autant plus grandes que « cette augmentation de revenus ne nécessiterait aucune dépense » (εἰς μὲν οὖν τὰς τοιαύτας αὐξήσεις τῶν προσόδων οὐδὲ προδαπανῆσαι δεῖ οὐδέν, *Revenus* III, 6). Bref, des commerçants métèques en plus grand nombre, sujets à un impôts et exempts d'obligations militaires, « augmenteraient les revenus » de la cité (τὰς προσόδους ἂν αὔξοιεν, *Revenus* II, 7). Le second moyen de croissance relève d'un projet industriel – l'exploitation de mines argentifères – pour lequel Xénophon préconise une méthode progressive d'investissement, qui devrait rassurer ceux qui pourraient le juger économiquement irréalisable :

> Il est plus avantageux de procéder par fractions (κατὰ μέρος) que d'entreprendre tout ensemble (ἅμα πάντα). En construisant beaucoup à la fois, on dépense

---

19 Descat 2010, p. 405. La critique du tyran par Platon : *Rép.* IX, 573e1. Sur la dépense : voir le chapitre « Conserver ».

plus, et on fait moins bien qu'en opérant successivement ; en cherchant partout des esclaves, on est forcé de les acheter moins bons et plus chers ; [37] tandis qu'en opérant selon ses moyens, si une entreprise est bien conçue, on la suit ; [38] si on se trompe, on l'abandonne. D'ailleurs, pour exécuter tout ensemble, il faut avoir des moyens pour tout, au lieu qu'en terminant ceci et en ajournant cela, la rentrée du revenu vient en aide à ce qu'il reste à faire. (*Revenus* IV, 36-38 ; trad. Talbot modifiée)

Au contrôle prudent des dépenses s'ajoute, à la fin de ce passage, l'idée que les revenus dégagés peuvent devenir productifs à leur tour, sans qu'il soit nécessaire pour cela de toucher au capital. De tels projets ne sauraient être menés à bien sans une situation générale de paix, dont Xénophon souligne les bienfaits en ce qu'elle s'inscrit dans le modèle comptable de croissance évoqué plus haut : elle est « une occasion pour notre cité de regagner l'affection des Grecs sans peine, sans dangers, *sans dépenses* (ἄνευ δαπάνης) » (*Revenus* V, 8 ; trad. Talbot modifiée ; je souligne).

Ce contrôle des dépenses vaut également pour l'*oikos*. Dans l'*Économique*, Critobule comprend bien que pour Socrate, le moyen de devenir riche, « c'est de dégager un surplus » (περιουσίαν ποιεῖν, *Écon.* II, 10)[20], et c'est cette capacité que Socrate demande à Ischomaque de lui enseigner (τοῦ περιουσίαν ποιεῖν, *Écon.* XI, 13). Deux méthodes sont mises en concurrence : l'accumulation des biens, qui attire Critobule, et le contrôle des dépenses fondé sur la maîtrise des appétits, que Socrate préconise. C'est ce même contrôle des dépenses qu'Ischomaque attend de sa femme :

> [il faudra] recevoir ce que l'on apportera, distribuer ce que l'on devra dépenser, penser d'avance à ce qui devra être mis de côté, et veiller à ne pas faire pour un mois la dépense prévue pour une année. (*Économique* VII, 36)

Ne pas contrôler les dépenses et entamer le capital, c'est s'exposer à la misère et ne pas être en mesure de faire croître l'*oikos* :

> Si les dépenses que doit supporter la maison (ἐκ τῶν οἴκων) vont leur train sans aucune réduction, tandis que les travaux ne produisent pas un profit suffisant pour ces dépenses, rien d'étonnant si, au lieu de faire un bénéfice, on tombe dans le besoin (ἀντὶ τῆς περιουσίας ἔνδειαν). (*Économique* XX, 21 ; trad. Chantraine modifiée)

---

20   « Dégager un surplus » plutôt que « faire des économies » (Chantraine, Talbot), qui est plutôt le moyen de dégager ce surplus.

Polis ou *oikos*, il s'agit donc de croître, avec dans les deux cas le souci que cet accroissement se fasse par des moyens socialement et moralement légitimes. En ce qui concerne l'*oikos*, Socrate analyse en effet ce qu'est l'*oikonomia* pour l'honnête homme (ἀνδρὶ καλῷ τε κἀγαθῷ, *Écon*. VI, 8), c'est-à-dire un homme respectueux des valeurs traditionnelles, morales ou civiques. Ischomaque explique également à sa femme que cette croissance doit s'obtenir par des moyens « beaux et justes » (ἐκ τοῦ καλοῦ τε καὶ δικαίου, *Écon*. VII, 16). Enfin, on l'a vu, Socrate incite Critobule, sur l'exemple d'Ischomaque, à s'enrichir moins par l'accumulation sans limite que par le contrôle de ses propres appétits. Quant à la cité, Xénophon souligne que les procédés qu'il suggère pour en augmenter les revenus devront être approuvés par les dieux dans les sanctuaires de Dodone et de Delphes (*Revenus* VI, 1-2).

5) Enfin, c'est la terre et son « entretien » qui assurent chez Xénophon le lien matériel et fonctionnel entre l'*oikonomia* et la politique, la terre étant à la fois le support de la production agricole *et* la base matérielle et symbolique du territoire dont il faut garantir l'intégrité. Dans la large section de l'*Économique* (V, 1-17) qu'il consacre à l'éloge de l'agriculture, Socrate commence par ses bienfaits pour l'*oikos* : outre qu'elle est une source d'agrément et qu'elle fournit à l'homme libre l'occasion de développer toutes ses facultés, elle est aussi « un moyen d'accroître sa maison » (οἴκου αὔξησις, *Écon*. V, 1). Mais très vite, Socrate passe aux avantages militaires de cette pratique domestique de l'agriculture : « si l'on veut servir la cité dans la cavalerie, rien de plus capable que l'agriculture d'aider à nourrir le cheval ; si l'on veut servir dans l'infanterie, elle rend le corps vigoureux » (*Écon*. V, 5). Le travail agricole est, en somme, une excellente préparation militaire. Il développe les qualités physiques de ceux qui cultivent la terre comme de ceux qui surveillent les travaux des champs : il les rend endurants, forts et vigoureux (*Écon*. V, 4), et leur apprend à « courir, à lancer le javelot, à sauter » (*Écon*. V, 8). Il développe aussi chez eux des qualités morales, à commencer par le souci de ce qui est à soi, sur lequel la politique pourra compter pour la défense du territoire. Socrate signale en effet que l'un des multiples mérites de « la terre [est d'] encourage[r] aussi les cultivateurs à défendre leur pays les armes à la main, par ce fait même que ses productions sont offertes à qui veut, et la proie du plus fort » (*Écon*. V, 7). Surtout, l'agriculture est une école de justice en raison du caractère divin de la terre (*Écon*. V, 12).

Cette justice, évoquée aussi par le Pseudo-Aristote – « l'agriculture [est] conforme à la justice » (*Écon.* I, 2, 1343a28) – se fonde sur la réciprocité : « c'est à ceux qui lui témoignent le plus d'égards que la terre accorde en échange (ἀντιποιεῖ) le plus de biens » (*Écon.* V, 12), ce dont Socrate a donné divers exemples peu auparavant (*Écon.* V, 6 ; 8)[21].

Ce rapide portrait des avantages de l'agriculture explique pourquoi la politique du Roi des Perses consiste à se « préoccuper de l'agriculture et de l'art de la guerre avec une égale ardeur » (*Écon.* IV, 4 ; même idée en IV, 12). Si l'agriculture domestique, on vient de le voir, sert l'art militaire, ce dernier doit à son tour protéger l'agriculture. L'armée doit en effet assurer l'intégrité du territoire face à un éventuel ennemi extérieur, pour que le travail des champs, supervisé par une administration civile, soit possible et pour que, outre les fruits qu'il produit, le tribut auquel il donne lieu puisse être prélevé (*Écon.* IV, 9-11)[22].

Outre leur complémentarité, l'agriculture et l'art militaire reposent aussi sur une même conception du pouvoir. Le chef militaire et l'intendant des travaux agricoles doivent tous deux savoir commander aux hommes (*Écon.* V, 14) en les rendant ardents au travail et obéissants par un système de récompenses, de punitions et d'encouragements (*Écon.* V, 15-16) : ouvriers agricoles dans un cas, soldats dans l'autre, les vertus des premiers les rendant aptes, si nécessaire, à tenir le rôle des seconds. Cette idée rejoint celle du passage des *Mémorables* cité plus haut dans la section 1, dans lequel Socrate explique que ce sont les mêmes hommes qui sont compétents pour la politique et pour l'*oikonomia*.

Ces passages signalent combien l'agriculture en tant que pratique *oikonomique*, loin d'être seulement une technique à finalité économique ou utilitaire, est investie par Xénophon d'une fonction politique qui se réalise par elle, ce dont Cyrus le Jeune constitue la plus parfaite incarnation[23]. Cette similitude et cette association aussi étroites entre *oikos* et *polis* ainsi qu'entre art *oikonomique* et art politique ne sont toutefois pas exemptes de contradiction : comment concilier, d'un côté, l'affirmation des *Revenus* (V, 11-13) que la paix, bien mieux que la guerre, est nécessaire à garantir l'accroissement des ressources, et,

---

21   Même idée dans la *Cyropédie* (VIII, 3, 38), citée au chapitre « Acquérir », p. 137.

22   Le tribut agricole est mentionné aussi par le Pseudo-Aristote à propos de « l'économie satrapique », *Écon.* II, 1, 1346a1-2.

23   Voir Descat 1988, p. 118. Voir chez Xénophon *Écon.* IV, 4.

de l'autre, un idéal de croissance domestique et civique qui trouve son modèle en Cyrus le Jeune et dont on voit mal comment il peut se dispenser de la guerre et de la conquête ? La solution de cette difficulté est peut-être que, pour Xénophon, la guerre est le meilleur moyen de croître quand le rapport de forces est favorable, sans quoi il faut lui préférer la paix, moins pour des raisons politiques que pour des raisons d'efficacité économique[24]. Quoi qu'il en soit, c'est un tel idéal de croissance que contestent Aristote et plus encore Platon, pour des raisons éthiques et politiques. Bien que tous deux accordent également à l'économique un rôle central dans la réalisation du politique, leurs propositions économiques et leur conception de l'*oikos* sont très distinctes de celles de Xénophon : il leur est inconcevable d'assimiler maison et cité, *oikonomia* et politique.

DEUX COMMUNAUTÉS ET DEUX COMPÉTENCES DISTINCTES

Aristote et Platon s'interrogent eux aussi sur ce qui apparente ou distingue *oikos* et *polis*, art *oikonomique* et art politique. Si les termes de leurs réponses respectives diffèrent, tous deux n'en sont pas moins d'accord sur le fond : une cité n'est pas un grand *oikos*, et gouverner des citoyens libres n'est pas administrer les membres et les biens de la maison.

C'est sans doute au Livre I des *Politiques* qu'Aristote s'exprime le plus clairement à propos de cette double différence, en ce qu'il délimite clairement les fonctions et attributions respectives de l'*oikos* et de la *polis* : la maison vise le vivre, la cité le bien vivre au sens moral, soit le bonheur. Contribue à cette délimitation le fait que la fonction économique des citoyens dans la cité la meilleure n'est pas un critère légitime de citoyenneté, c'est même un obstacle à son exercice. Car « on n'est pas susceptible de pratiquer la vertu quand on mène une vie d'artisan ou d'homme de peine (βίον βάναυσον ἢ θητικόν) » (*Pol.* III, 5, 1278a20), même si, Aristote le reconnaît, il est fréquent que les citoyens travaillent – dans ce cas, l'excellence du citoyen ne concerne que « ceux qui sont affranchis des tâches indispensables » (*Pol.* III, 5, 1278a10-11). Certes, sa distinction des plans économique et politique n'a rien d'une césure radicale : Aristote n'élimine pas toute recherche d'un accomplissement moral dans l'exercice *oikonomique*. Cet accomplissement prend

---

24 Voir en ce sens *Mémorables* III, 6, 7-8.

la forme d'un souci de la limite dans l'acquisition des biens, en vue de l'autarcie attendue de l'exercice correct de l'art politique dans la cité[25]. Dans le même sens, il distingue les *oikoi* « politiques », c'est-à-dire ceux qui, tant par leur agencement humain et matériel que par leur dimension morale, sont des conditions de possibilité d'une juste *polis*, des *oikoi* « non politiques » qui sont soit tyranniques, soit isolés et non intégrés dans des formes supérieures de communauté, comme chez les Cyclopes par exemple[26]. Bref, *oikoi* et *polis* s'articulent là selon un double critère de différence et de continuité : les *oikoi* dits « politiques » ne le sont qu'au sens où ils assurent la formation morale de leurs membres, et où la possession de la terre et le travail des esclaves rendent possible le loisir du maître[27]. Ils sont comme la condition nécessaire mais non suffisante du politique, sans que l'exercice de fonctions économiques soit un facteur direct de réalisation politique, ni que l'*oikos* puisse être assimilé à une petite *polis* ou la *polis* à un grand *oikos*.

Parce qu'il accorde à la sphère économique en général un rôle plus central qu'Aristote dans la réalisation du politique, Platon porte aussi une attention beaucoup plus marquée à l'étude de ce qui lie *oikos* et *polis*, économie et politique, et, surtout, à ce qui les distingue. C'est ce qui apparaît notamment dans la *République* et dans deux passages du *Politique*.

La *République* représente une innovation dans le *logos oikonomikos* : elle subordonne l'oikonomia, au sens d'administration de l'*oikos*, à une réflexion plus globale sur les rapports entre ce qu'il faut se résoudre à nommer la sphère économique et la sphère politique, dans lesquelles Platon perçoit deux modes distincts de réalisation du « commun » à l'échelle de la cité tout entière. À l'origine de la *polis* en effet, Socrate place le lien et les fonctions économiques nées de la nécessité où les individus se trouvent de satisfaire « beaucoup de besoins » (*Rép.* II, 369b-c). Incapables d'y pourvoir par eux-mêmes, ils sont donc forcés de s'assembler. Mais de cette réunion d'individus naît une forte tension entre le particulier et le commun. D'un côté, en effet, chacun accepte d'entrer dans un cycle d'échanges où il donne et reçoit « parce qu'il croit que c'est mieux *pour lui-même* » (οἰόμενος αὐτῷ ἄμεινον εἶναι, *Rép.* II,

---

25   Voir le chapitre « Bien user ».
26   Sur ces différents *oikoi* non politiques : voir Nagle 2006, p. 135-151.
27   Nagle 2006, p. 122.

369c) : le partenaire économique n'est que l'instrument de notre besoin propre, l'accent étant mis ici sur le bien particulier ou privé. D'un autre côté, à l'échelle de la cité, l'organisation spontanée de l'économie est telle que chacun destine le produit de son travail « à être commun à tous » (τὸ αὑτοῦ ἔργον ἅπασι κοινὸν κατατιθέναι, *Rép.* II, 369e) : chacun se livre à une production spécialisée dont les fruits sont « mis en commun » au sens où ils seront échangés contre les produits d'une autre spécialité technique. Et peu après, Socrate rappelle que le commerce a pour fonction de rendre possible la « communauté » (κοινωνίαν, *Rép.* II, 371b) des hommes réunis dans la cité pour pourvoir à leurs besoins.

Un tel mélange de mise en commun et d'intérêt particulier ou privé rend la *polis* instable. L'intérêt particulier, en effet, tend sans cesse à prévaloir sur le commun, sous l'effet de la propension des appétits à se multiplier et à devenir insatiables (*Rép.* II, 372e-373e). Même la meilleure cité, pourtant confiée à la garde des philosophes-rois ou des philosophes-reines, se détériorera dès lors que ces derniers commenceront à se comporter comme des *oikonomoi* préoccupés surtout, ou exclusivement, de leurs biens privés (*Rép.* VIII, 547a-c) au détriment du bien commun – schéma qui ira en s'aggravant dans les cités ordinaires[28]. La sphère économique ne suffit donc pas à faire de la cité un ordre *vraiment* commun : en l'absence de tout organe de régulation extra- ou supra-économique, elle ne peut en faire qu'un immense champ de bataille entre les intérêts de chacun. Pour prévenir cette tendance, Socrate singularise la compétence politique en en faisant le principe suprême de la rationalité pratique, qui donne sa loi à la sphère économique. Deux mesures complémentaires en témoignent. D'une part, il établit une stricte séparation et une relation d'échange fonctionnel entre les agents politiques et les agents économiques : les gardiens sont distingués des producteurs, avec ce double objectif que les premiers sont dans l'incapacité de s'enrichir et les seconds d'exercer le pouvoir, et que les producteurs fournissent leur « salaire » ou leur « nourriture » aux gardiens qui, en retour, leur apportent le « salut » politique (*Rép.* V, 463a-b). D'autre part, Socrate place la vie des gardiens sous le signe d'une entière communauté des biens et des personnes (*Rép.* III, 416d-417b ; IV, 423e-424a ; V, 464b-e ; VIII, 543b). Il ne s'agit pas, on le voit, de ne pas faire cas de l'économie, mais au contraire de lui

---

28 Helmer 2010, p. 111-121.

assigner son juste lieu dans la cité pour qu'elle travaille à son unité et à sa communauté plutôt que contre elles.

Dans le *Politique*, la réflexion sur la distinction entre l'*oikonomique* – et plus généralement l'économique – et le politique est encore plus poussée. Qui, demande Platon, fait vraiment la cité ? Les acteurs économiques, prétendants apparemment légitimes au titre de « politique » puisqu'ils fabriquent matériellement la *polis* ? Ou bien le politique lui-même, dont la compétence serait dès lors irréductible à l'administration économique de la société, et qu'on ne saurait identifier à un expert en *oikonomia* ? En faveur de cette seconde hypothèse, le personnage principal du dialogue, l'Étranger, procède par l'identification successive des candidats potentiels au titre de politique, qu'il disqualifie les uns après les autres jusqu'à ce qu'il trouve le véritable politique. Au cours de cette démarche, deux candidats appartenant à la sphère économique sont examinés.

Le premier apparaît suite à la distinction que l'Étranger propose entre les causes et les causes auxiliaires :

> L'Étranger – Tous les arts qui ne fabriquent pas la chose elle-même, mais fournissent à ceux qui la fabriquent des instruments, sans lesquels aucun de ces arts ne saurait jamais accomplir sa tâche propre, ceux-là sont des causes auxiliaires (συναιτίους) tandis que ceux qui produisent la chose même sont des causes (αἰτίας). (*Politique* 281e1-3)

Appliquée à la cité, cette distinction aboutit à ranger parmi les causes auxiliaires tout ce sans quoi la cité ne pourrait exister mais qui ne la fait pas véritablement – objets et activités d'un côté, techniques ou arts correspondant de l'autre –, et à réserver à la politique le titre de cause véritable de la cité (*Pol.* 287d1-3) – la fin du dialogue nous apprendra que sa fonction propre est de veiller au mélange homogène des caractères en légiférant sur les mariages, et de sceller l'unité des âmes autour des valeurs propres à la cité et à ses lois[29]. Causes nécessaires mais non suffisantes de la cité, ces auxiliaires sont ses « possessions » (κτημάτων, *Pol.* 287e1), au sens large de choses qu'on trouve dans la cité : elles relèvent de ce qu'on appellerait aujourd'hui le secteur économique dans sa dimension productive. Trop long pour être cité ici, le passage en question (*Pol.* 287c7-289c3) énumère ces possessions et les arts qui leur correspondent, dont l'Étranger cherche à montrer qu'aucun n'accomplit

---

29   Voir Dixsaut (dir.) 2018, p. 589-599.

la fonction de l'art politique proprement dit. Après la première catégorie de possessions, celle des « instruments », à laquelle ne correspond
aucun art en propre, la liste se poursuit ainsi : les récipients et l'art de
fabriquer les vases ; les véhicules, et les arts du charpentier, du potier
et du forgeron ; les vêtements, les abris de pierre ou de terre, les armes,
les murs, et les arts du tisserand et de l'architecte ; le divertissement, et
les arts de l'ornementation et de la peinture ; l'or, l'argent, les minerais,
les pièces de bois, les peaux animales, les fibres végétales, le liège, le
papyrus, les liens, les objets qu'englobe l'espèce « première-née » (soit
les matières premières prêtes à l'usage), et les arts de la coupe du bois,
du décorticage des matériaux, de l'extraction minière ; l'entretien et la
nourriture du corps et de ses parties, et les arts de l'agriculture, de la
chasse, de la médecine, de la cuisine, de la gymnastique.

Ce passage brosse à grands traits une anthropologie de l'*homo faber*
et de l'*homo œconomicus* en ramenant à quelques fonctions élémentaires
les opérations ou produits réalisés grâce à la technique et à l'art, et en
rassemblant en quelques catégories la diversité des objets du quotidien
– comme Socrate dans la *République* (II, 369d-373d) – pour mieux isoler
ensuite l'art politique et son œuvre propre. L'Étranger, en effet, prend soin
de préciser presque à chaque fois que la fonction de l'art correspondant
à l'objet ou à l'activité mentionnés ne relève pas de la politique, malgré
certaines proximités terminologiques et sémantiques qui pourraient étayer
les prétentions des agents économiques à être les véritables politiques.
Prenons deux exemples. L'espèce du récipient (ἀγγεῖον, *Pol.* 287e9) a pour
fonction la conservation ou la « sauvegarde » (σωτηρίας, *Pol.* 287e6) de
divers produits. Or telle est justement la fonction dévolue aux hommes
et aux institutions politiques dans tous les dialogues de Platon : dans la
République, les gardiens sont qualifiés de « sauveurs et secours » (σωτῆράς
τε καὶ ἐπικούρους, *Rép.* V, 463b1) et l'éducation droite doit former des
hommes qui soient les « sauveurs » (οἱ σωτῆρες, *Rép.* VI, 502d1) du
régime politique. De même, la bonne mesure entre richesse et pauvreté,
déterminée par le politique, doit garantir la « conservation » (σωτηρίας)
de la cité (*Lois* V, 736e4). Aussi l'Étranger précise-t-il : « Cette espèce
très variée […] que nous appelons du nom unique de "récipient", espèce
assurément très vaste domaine, n'offre absolument rien de pertinent pour
la science que nous cherchons [i.e. la politique] » (*Pol.* 287e8-288a2). Second
exemple : l'espèce de l'abri (πρόβλημα, *Pol.* 288b6) permet quant à elle

d'écarter une conception de la politique comme protectrice ou défensive. En termes modernes, sa tâche n'est pas d'assurer la sécurité des biens et des personnes en construisant des remparts ou des armes. Ce sont, pour Platon, l'organisation interne de la cité et la paix civile qui garantissent politiquement la sécurité. C'est pourquoi, conclut l'Étranger, « il serait bien plus correct de considérer [l'art défensif] comme propre à l'art de l'architecte et du tisserand *qu'à l'art politique* » (*Pol.* 288b6-8 ; je souligne).

L'art politique ne saurait donc être identifié aux arts productifs du secteur économique, mais il ne saurait l'être non plus à ceux des services et du commerce, que l'Étranger identifie dans un autre passage comme de potentiels candidats à l'exercice de la fonction politique : esclaves, commerçants et salariés (*Pol.* 289c4-290a7). Ces trois catégories ne prétendent pas toutes au même degré à la compétence politique. Les esclaves y prétendent « très peu » (ἥκιστα, *Pol.* 289e1) : leur revendication est sans doute fondée sur le fait que, quelle que soit leur tâche, ce sont bien eux qui l'exécutent, et non leurs maîtres. Ils agissent donc plus directement et plus immédiatement que ces derniers dans la cité, pour autant qu'on considère celle-ci uniquement dans sa réalité matérielle. Toutefois, leur prétention ne saurait aller bien loin puisque leur condition d'esclave les prive de toute prérogative politique.

Le degré de revendication augmente avec les commerçants. Platon multiplie à leur sujet les termes connotant l'échange et le mouvement (*Pol.* 289e4-290a2), sans doute parce que, à l'instar du politique réalisant l'unification de la cité à partir de naturels doux et de naturels vifs, les commerçants mettent eux aussi en relation des individus distincts dont ils égalisent les rapports par la transaction commerciale. Forts de cette égalité arithmétique qu'ils réalisent, et conscients qu'ils sont absolument nécessaires pour pourvoir aux besoins des membres de la cité, les commerçants pensent introduire dans la cité une forme de justice que le politique est peut-être impuissant à réaliser. À leurs yeux, le commerce pourrait donc tenir lieu de politique tout court. Contre une telle prétention, l'Étranger montre que l'échange commercial ne saurait se substituer au véritable lien politique. Celui-ci ne se réduit pas à l'égalité arithmétique de la transaction marchande, quand bien même celle-ci tisse des liens dans les cités.

Enfin, les salariés et les hommes de peine, ces « thètes » situés au plus bas de l'échelle sociale, proches de la servitude mais dont Achille préfèrerait toutefois partager le sort plutôt que d'être le roi du pays des morts[30], sont exclus d'emblée de la course au titre politique : car ce qu'ils vendent, c'est essentiellement leur force physique – la *République* (II, 371e) ne dit pas autre chose. Or le politique gouverne moins par la force de son corps que par celle de son âme (*Pol.* 259c6-9). S'il faut néanmoins prendre la peine de les écarter, c'est parce qu'eux aussi participent directement à la réalisation matérielle de la cité.

En résumé, l'objet de ces passages du *Politique* est de montrer que la causalité de l'art politique n'est pas de même nature que celle des arts économiques – dont l'*oikonomia*. Si toutes deux contribuent à faire la cité, elles ne la font pas dans le même sens. Les arts économiques doivent être subordonnées à l'art politique, pour leur bon fonctionnement à tous.

Le débat sur l'objet et la nature de l'*oikonomia* dans ses rapports avec la cité et l'art politique occupe, pour peu qu'on l'examine de près, un espace important du *logos oikonomikos* et donne lieu à des positions variées qui en soulignent toute la richesse. C'est également le cas du débat concernant le type de savoir qu'est l'*oikonomia*.

QUEL STATUT ÉPISTÉMOLOGIQUE POUR L'*OIKONOMIA* ?

Étrange savoir que l'*oikonomia*, qui semble présenter des dimensions si hétérogènes et de prime abord peu compatibles, qu'elles rendent difficile de cerner avec précision son statut épistémologique. Le débat porte sur deux questions étroitement liées, souvent traitées ensemble : l'*oikonomia* est-elle, et à quel point, un savoir spécialisé ? Et est-elle plutôt un savoir « matériel », uniquement intéressé à l'acquisition des biens, ou un savoir pratique, centré sur l'examen des enjeux éthiques ou politiques des valeurs qu'elle engage – et si elle présente ces deux facettes à la fois, comment penser leur articulation ?

Ainsi, dans un passage des *Politiques*, Aristote évoque différentes techniques d'acquisition des richesses – c'est l'une des opérations constitutives de l'*oikonomia*[31] –, et signale l'existence de traités spécialisés sur le sujet,

---

30 *Odyssée* X, 488-491.
31 Voir le chapitre « Acquérir ».

comme par exemple ceux des agronomes Charès de Paros ou Apollodore de Lemnos (*Pol.* I, 11, 1259a1)[32]. Mais, précise-t-il, « quiconque est intéressé par l'étude de ces questions n'a qu'à s'y reporter » (*Pol.* I, 11, 1259a4-5), comme si l'*oikonomia* était irréductible à une simple technique acquisitive. Peu auparavant, Aristote a en effet souligné l'importance des enjeux éthiques ou politiques de l'*oikonomia* en distinguant la véritable richesse, utile à une communauté politique ou familiale (*Pol.* I, 8, 1256b26-31), de la richesse illimitée, inutile, et dont la recherche fait obstacle au bonheur car elle repose sur la confusion entre le souci de vivre et celui de bien vivre (*Pol.* I, 9, 1256b40-1258a18). Savoir pragmatique ou matériel de l'acquisition, l'*oikonomia* est aussi un savoir pratique indexé à des valeurs morales, double dimension dont la combinaison est évoquée sans être vraiment examinée[33].

Ce débat sur le statut épistémologique double de l'*oikonomia* est plus net encore chez Xénophon. Son personnage Ischomaque refuse de présenter l'*oikonomia* à Socrate à la façon de « ceux qui font un exposé *extrêmement détaillé* » des soins et compétences requis pour l'agriculture (*Écon.* XVI, 1 ; je souligne), c'est-à-dire à la manière de ceux qui écrivent des ouvrages purement techniques. Pourtant, outre qu'il voit dans l'*oikonomia*, comme Aristote et le Pseudo-Aristote, une *epistêmê* ou une *tekhnê*, donc un savoir obéissant à des règles, sa présentation des travaux agricoles comporte certains passages techniques. Ces derniers sont cependant d'un degré de technicité modéré[34], et mêlés à des considérations nettement tournées vers les bénéfices moraux et politiques de cette activité. Xénophon et son personnage veulent donc tenir ensemble les deux aspects de l'*oikonomia*.

Il en va de même chez Philodème, bien qu'il semble de prime abord réduire l'*oikonomia* à sa seule dimension pratique, au détriment de sa part technique ou matérielle. C'est ce qui ressort de la critique qu'il adresse à Xénophon, auquel il reproche de trop traiter d'agriculture, art qui, selon Philodème, « se trouve dépendre d'un savoir-faire particulier (*idias empeirias*) et non de la philosophie » (*Des Vices* IX, VII, 26-33). Pour Philodème, le caractère « particulier », c'est-à-dire spécialisé, du savoir agricole exposé par Xénophon, contredit la généralité attendue d'un

---

32 L'authenticité de ce passage est discutée : Pellegrin 1993, p. 123 note 1.
33 Sur cet enjeu moral de l'*oikonomia*, voir le chapitre « Bien user ».
34 Sur la préparation de la terre avant les semailles : XVI, 9-15 ; sur les semailles : XVII, 1-11 ; sur le sarclage : XVII, 12-15 ; sur la moisson : XVIII, 1-2 ; sur le vannage : XVIII, 6-10 ; sur la façon de planter les arbres fruitiers : XIX, 1-14.

savoir économique fondé sur des notions universelles, seules en mesure de mettre le Bien qu'est le plaisir à la portée de chacun, conformément à la finalité de l'éthique épicurienne. Aussi s'en prend-il à ceux qui, en matière d'acquisition, mobilisent « un savoir-faire et une capacité » spécialisés (*empeiria kai dunamis, Des Vices* IX, XVII, 7) ne servant qu'à assouvir leur cupidité. Toutefois, Philodème ne réduit pas pour autant l'*oikonomia* à un pur savoir moral. À l'instar de Xénophon, il lui restitue la dualité technico-pratique qui la caractérise. Le savoir *oikonomique* général qu'il propose est celui grâce auquel chacun, « du moins dans la mesure de ses besoins, ne s'en tire pas trop mal », comme dans « la confection du pain ou la préparation des aliments où chacun est à même de faire pour soi-même cette sorte de choses, dans la limite de la satisfaction de ses besoins, quoique, en ces matières, il y ait aussi un savoir-faire professionnel (*enpeirias* [sic] *entekhnou*) » (*Des Vices* IX, XVII, 21-27). Pour Philodème, la généralité et la simplicité du savoir-faire *oikonomique* garantissent qu'il sera utile (*to sumpheron, Des Vices* IX, XVIII, 41 ; XIX, 41 et 45), c'est-à-dire non pas simplement efficace pour assouvir les besoins, mais cohérent avec la recherche du bien épicurien qu'est le plaisir prudent, soumis à la limite et garantissant une vie heureuse. Ce caractère général de l'*oikonomia*, qui interdit au sage épicurien de devenir un « artisan spécialiste » (*tekhnitês*) de l'acquisition » (*Des Vices* IX, XVII, 2-3), n'exclut pas sa nécessaire technicité – Philodème donne même des conseils de gestion et de comptabilité (*Des Vices* IX, XXV, 31-36)[35] – elle en limite seulement le degré au nom de la version épicurienne du bonheur. Comme pour Xénophon, l'*oikonomia* reste ainsi pour Philodème une compétence double, dont la technicité doit toutefois être très faible pour rester cohérente avec son idée du Bien et du bonheur.

Loin d'être un savoir délaissé des philosophes grecs, l'*oikonomia*, on le voit, a suscité de leur part un vif intérêt dans le cadre de débats théoriques aux enjeux bien définis, et ouverts à des positions distinctes. C'est également le cas avec le contenu même de l'*oikonomia*, soit ses opérations propres, que nous allons maintenant examiner.

---

35   Voir le chapitre « Conserver ».

PARTIE II

METTRE EN ORDRE LES HOMMES

L'*oikonomia* porte classiquement sur l'*oikos*. Mais que désigne ce dernier terme ? La plupart des auteurs sont d'accord : un *oikos* – terme traduit selon les contextes par « maison », « famille » ou « domaine » – ce sont des êtres humains et des possessions matérielles. Les citations suivantes en témoignent :

> Les parties d'une maison, c'est l'homme et les possessions (μέρη δὲ οἰκίας ἄνθρωπός τε καὶ κτῆσίς ἐστιν). (Pseudo-Aristote, *Économique* I, 2, 1343a19)

> Les deux parties, premières et les plus importantes, sont l'homme et les possessions (ἄνθρωπός τε καὶ κτᾶσις). (Callicratidas, *Sur le bonheur de* l'oikos, Stob. 4.28.16 p. 682 He. (Mullach 2 p. 28) Thesleff p. 104)

> Une famille se compose d'esclaves et de gens libres (οἰκία δὲ τέλειος ἐκ δούλων καὶ ἐλευθέρων). (Aristote, *Politiques* I, 3, 1253b5)

> Les possessions sont une partie de la maison (ἡ κτῆσις μέρος τῆς οἰκίας ἐστὶ). (Aristote, *Politiques* I, 4, 1253b24 ; trad. Pellegrin modifiée)[1]

Les frontières séparant ces deux composantes peuvent être flottantes d'un auteur à l'autre, et parfois chez un même auteur. Ainsi, Xénophon envisage plutôt les esclaves comme des possessions (*Écon.* III, 3-10 ; VI, 4), le Pseudo-Aristote comme des hommes (*Écon.* I, 5, 1344a25). Et si Aristote voit en eux des hommes au motif qu'ils disposent de la raison (*Pol.* I, X, 1254b22 ; I, X, 1259b28), il les considère aussi comme des biens acquis, par achat ou par chasse à l'homme (*Pol.* I, 4, 1254a9-17 ; I, X, 1255b38)[2]. En outre, l'importance accordée à chacune d'entre elles est variable, en général au profit des hommes. Pour Aristote, « [...] l'administration domestique (τῆς οἰκονομίας) fait plus de cas des hommes que de la possession des biens inanimés » (*Pol.* I, 13, 1259b18-21), et il en va de même pour le Pseudo-Aristote : « parmi les biens possédés, le plus important et le plus nécessaire est aussi le meilleur et le plus profitable pour l'administration domestique (οἰκονομικώτατον) : ce bien,

---

1   Dans ces citations, le singulier ἡ κτῆσις est traduit par un pluriel, « les possessions », comme le grec l'autorise. Le terme peut aussi désigner l'activité d'acquisition des richesses.
2   Sur la nature de la raison chez les esclaves selon Aristote : Heath 2008 ; sur la chasse à l'homme : Chamayou 2010.

c'est l'homme » (*Écon.* I, 5, 1344a23-25). En revanche, l'administration des biens occupe l'essentiel de l'*Économie* de Philodème de Gadara – mais c'est au nom des rapports que l'épicurien entretient avec lui-même et avec les amis de sa communauté. Xénophon est peut-être le seul à accorder autant d'importance aux deux composantes.

Cet accent mis le plus souvent sur les personnes plutôt que sur les biens explique que les interprètes contemporains ont en général négligé le pôle matériel de l'*oikos* et de l'*oikonomia* – liste d'objets, d'activités domestiques et de techniques, agricoles pour l'essentiel – au profit de la composante humaine[3], analysée le plus souvent sous le seul angle du mariage, sans un mot concernant les rapports entre maître et esclaves[4]. Pourtant, ces deux pôles, l'humain et le matériel, font l'objet d'une seule et même préoccupation dans la littérature *oikonomique* : comment, en théorie et en pratique, unifier leur multiplicité ? Comment mettre en ordre leur diversité ?

Les deux chapitres qui vont suivre portent sur la mise en ordre des hommes. « Qui doit faire quoi ? », se demandent nos auteurs, s'il est vrai, selon Aristote, que « les parties élémentaires d'une famille (οἰκία) sont un maître et un esclave, un époux et une épouse, un père et ses enfants » (*Pol.* I, 3, 1253b4-6), soit des inégaux quant au sexe, à l'âge et au statut. C'est la distribution des tâches qui répond à cette question. Contrairement à une confusion courante[5], ce principe n'est pas l'ancêtre de la division du travail. Tandis que celle-ci suppose, en réponse à des exigences mercantiles[6], une économie centrée sur la production et le rendement à des fins de rentabilité, la distribution des tâches ou des fonctions, elle, a pour but d'agencer l'*oikos*, parfois la cité, en un ordre humain praticable et intelligible. Elle est un principe social et anthropologique, qui certes se répercute sur les formes de l'organisation économique, mais ce n'est pas un outil ou un principe économique autonome.

L'intérêt philosophique des passages concernés tient moins à leurs différences dans la distribution des tâches qu'au questionnement qu'ils suscitent quant aux frontières des catégories humaines entrant dans l'*oikos*, notamment entre la femme et l'esclave, ou entre l'esclave et l'homme

---

3   Leshem 2012, p. 6-9.
4   Par exemple Foucault 1984.
5   Par exemple Foley 1974 ; Baloglou 1993.
6   Séris 1994, p. 13-15.

libre. Dans tous les cas, c'est la diversité de l'espèce humaine qu'il s'agit de penser et d'agencer au sein d'une institution unique – l'*oikos* le plus souvent – en vue d'en faire un monde, un *kosmos*. Ce sont principalement les relations entre époux ainsi qu'entre parents et enfants, d'une part, et entre maître et esclaves, d'autre part, qu'examinent nos philosophes.

LE MARIAGE :
COMMUNAUTÉ ET CORPS

La relation conjugale entre l'homme libre et la femme libre fait l'objet de vifs débats chez les philosophes antiques, au sein de leur réflexion sur l'*oikonomia*. Leur approche du mariage ne se limite pas au seul thème éthique de la sexualité, à laquelle Michel Foucault tend à la réduire dans son minutieux examen de certaines sections de l'*Économique* de Xénophon[1] : elle porte aussi sur les liens entre le mariage et la reproduction, et sur l'importance du corps des époux et des enfants.

Plusieurs remarques sont nécessaires avant d'entrer en matière. D'abord, la forte teneur idéologique de ces passages peut à juste titre paraître scandaleuse aux lecteurs et lectrices contemporains. Les arguments qu'ils mobilisent sont souvent destinés à justifier, par exemple en la naturalisant, une supposée infériorité de la femme par rapport à l'homme, notamment au moment d'évoquer la distribution des tâches, où cet aspect est le plus marqué. C'est à l'évidence le cas de Xénophon, d'Aristote et du Pseudo-Aristote. Et si Platon est assurément le plus critique envers ce cadre idéologique dont il met à nu les rouages et la violence, il n'y échappe pas non plus totalement.

Ensuite, on laissera de côté la question du mariage des philosophes ou des sages[2]. La raison en est que les textes consacrés à ce sujet proposent souvent de s'émanciper du cadre de l'*oikos*, ou de le réformer au point qu'il n'a plus de commune mesure avec la présentation qu'en donnent les traités *Oikonomikê* ou *Peri oikonomias*. C'est ce qui se produit avec la réforme de la famille – plutôt que son abolition – chez les gardiens philosophes de la *République*, dans le cadre de la communauté des femmes et des enfants, et du transfert de l'administration des biens matériels à

---

1 Foucault 1984, p. 147-192.
2 Ce qui explique que ne prenions pas en compte les traités séparés de Musonius Rufus sur le sujet : voir King 2010 et Laurand 2014, p. 199-403.

un autre groupe de la cité[3]. C'est ce qui se produit aussi avec le traitement que les cyniques réservent au mariage et à la famille : eux aussi les réforment plus qu'ils ne les abolissent – l'union et la paternité de Cratès et de Hipparchia en offrent l'exemple (D.L. VI, 88 ; 96-97)[4] – mais c'est au prix d'une telle dissolution des pratiques usuelles relatives aux biens matériels, que parler d'*oikos* et d'*oikonomia* dans ce cadre s'avère non pas impossible mais très polémique. L'intérêt de ces passages de Platon et des cyniques est indéniable : ils portent le *logos oikonomikos* à ses limites en déplaçant le sens des activités étudiées d'ordinaire dans les traités consacrés à l'*oikonomia*. Mais précisément pour cette raison, ils auraient davantage leur place dans une étude des formes philosophiques alternatives du *logos oikonomikos* que dans ce chapitre.

Un dernier point : plutôt qu'une étude par auteur, la démarche adoptée ici comme dans la suite de l'ouvrage consiste à comparer, en repérant les recoupements et les déplacements dont ils font l'objet, les problèmes, arguments et concepts que ces auteurs mobilisent lorsqu'ils traitent de la relation conjugale dans le cadre du *logos oikonomikos*. Si tous lui reconnaissent un rôle clé dans l'édification d'un monde humain défini par ses institutions principales – l'éducation, la famille, la cité et, en un sens, la nature – ils n'en font pas simplement la condition mécanique de possibilité de toutes ces institutions : la relation conjugale est aussi à leurs yeux le point de convergence ou de cristallisation qui leur donne leur forme singulière. C'est ce que montrent les trois grandes questions que soulèvent ces auteurs à propos et à partir du mariage, et qui engagent leur idée de l'*oikonomia* et, pour nous, de l'économie : quels sont les principes de l'union conjugale, c'est-à-dire les causes motrices expliquant la formation des couples de sexe opposé ? Quelle est la nature de l'union ainsi formée ? Enfin, quelle en est la finalité ?

---

3   Sur cette réforme de l'*oikos* dans la *République,* voir Helmer 2011. Parmi les « abolitionnistes » : Bloom 2006, p. 127 ; Strauss 2005, p. 264 ; Natali 2005, p. 212-213.
4   Helmer 2017b, p. 132-138.

LES PRINCIPES MOTEURS DE L'UNION
De la nature à la cité

D'où vient le mariage ? Est-ce une institution dont les fondements sont à chercher du côté de la nature, ou est-ce une création artificielle appelée par la nécessaire inscription sociale ou politique de l'homme ? À y regarder de près, cette alternative est trop moderne. Sphère politique et sphère naturelle ne sont pas nécessairement antagonistes chez les philosophes qui nous occupent : pour eux, elles sont, ou doivent être, en accord l'une avec l'autre. Par exemple, Platon évoque une politique « vraiment conforme à la nature » (ἡ κατὰ φύσιν ἀληθῶς οὖσα ἡμῖν πολιτική, *Pol.* 308d), et Aristote fait de la cité la communauté naturelle achevée (τῶν φύσει ἡ πόλις ἐστί, *Pol.* I, 2, 1252b30-1253a2). La question est donc plutôt de savoir ce que désigne cette nature pour les uns et les autres, de comprendre comment, dans le mariage, elle s'articule avec la sphère politique ou sociale, et comment le mariage lui-même reçoit de cette articulation sa coloration particulière chez ces différents auteurs. C'est ce que permettent de saisir les passages qu'ils consacrent au principe moteur de l'union. Trois cas de figure se présentent.

L'ORIGINE BIOLOGIQUE

Le premier, propre à Aristote et en partie au Pseudo-Aristote, est celui de l'origine biologique du rapprochement du mâle et de la femelle humains, dans le cadre de la finalité naturelle. C'est en considérant l'homme comme une espèce animale confrontée à la nécessité de se perpétuer qu'Aristote explique le rapprochement des sexes à l'origine de l'*oikos* :

> Ainsi, il est nécessaire tout d'abord que s'unissent (συνδυάζεσθαι) les êtres qui ne peuvent exister l'un sans l'autre, par exemple la femelle et le mâle en vue de la procréation (θῆλυ μὲν καὶ ἄρρεν τῆς γενέσεως ἕνεκεν). Cela ne provient pas d'un choix réfléchi (οὐκ ἐκ προαιρέσεως) mais, comme chez les autres animaux et les plantes, de la tendance naturelle (φυσικὸν τὸ ἐφίεσθαι) à laisser un autre être tel que soi. (*Politiques* 1252a26-31 ; trad. Pellegrin modifiée)

Aristote n'ignore pas que les individus humains peuvent choisir de ne pas avoir d'enfants. Mais pour rendre raison de la perpétuation observable de l'espèce et des institutions que sont les familles et les cités, il faut supposer qu'une tendance souterraine est à l'œuvre, dont les individus sont moins les agents que les instruments. Cet ancrage naturel et nécessaire de l'union des sexes à l'origine de l'*oikos* est aussi évoqué par le Pseudo-Aristote. Selon lui, « la communauté de la femelle et du mâle est tout à fait naturelle » (κοινωνία γὰρ φύσει τῷ θήλει καὶ τῷ ἄρρενι μάλιστά ἐστιν, *Écon.* I, 3, 1343b8), elle se fait sans l'intervention de la raison pour ce qui concerne la procréation, et elle donne lieu à des conduites d'assistance et d'aide mutuelle chez les animaux apprivoisés et plus intelligents (*Écon.* I, 3, 1343b13-18). À l'évidence, le Pseudo-Aristote complète ici l'exposé d'Aristote en combinant les données de sa politique et de sa biologie : il associe l'ancrage naturel de l'union en vue de la procréation, soit le souci du vivre, à l'existence de relations « conjugales » plus complexes qui, sous la forme de l'assistance et de l'aide, assoient les prémisses du bien-vivre appelé par la finalité éthique de l'*oikonomia* et, plus largement, de la politique. On verra toutefois que l'ancrage biologique de la relation conjugale chez le Pseudo-Aristote est moins catégorique que chez Aristote : il dépend en dernier ressort, pour le Pseudo-Aristote comme pour Xénophon (*Écon.* VII, 18), de l'intervention d'une divinité qui fait de la nature l'instrument de ses projets.

Cette approche biologique explique que la législation des mariages proposée par Aristote – législation qui doit assurer, par des unions réussies, la procréation d'enfants doués de la « bonne disposition politique » (πολιτικὴν εὐεξίαν, *Pol.* VII, 16, 1335b6) en particulier pour ce qui est de leur corps (*Pol.* VII, 16, 1335a5 ; 1335b3 ; 1335b31) mais aussi eu égard à leur capacité de penser (*Pol.* VII, 16, 1335b31) – consiste elle-même à déterminer les âges les plus appropriés au mariage pour l'homme et la femme, en tenant compte principalement mais pas seulement de leur période optimale de fécondité.

UN BON PARTI

Pourtant, la nature suffit-elle à rendre raison des unions ? Un deuxième principe, de nature sociale et économique, et qui correspond sans doute à une réalité de l'époque, doit être examiné pour en rendre compte : trouver un bon parti. C'est ce que Xénophon évoque dans un entretien d'Ischomaque avec sa femme :

Dis-moi, ma femme, as-tu compris maintenant à quelle fin je t'ai épousée et à quelle fin tes parents t'ont donnée à moi ? [11] Nous n'étions pas embarras-sés, ni toi ni moi, de trouver quelqu'un avec qui dormir : tu t'en rends bien compte, je le sais, tout comme moi. Mais après avoir réfléchi (βουλευόμενος), moi pour mon propre compte, et tes parents pour le tien, au meilleur associé que nous pourrions nous adjoindre pour notre maison et nos enfants (τίν' ἂν κοινωνὸν βέλτιστον οἴκου τε καὶ τέκνων), je t'ai choisie pour ma part, et tes parents, il me semble, m'ont choisi moi, parmi les partis possibles (ἐκ τῶν δυνατῶν ἐμέ). (*Économique* VII, 10-11)

Le principe de l'union, exprimé au niveau de la conscience qu'en ont ses agents, relève ici d'une préoccupation sociale et économique au sens matériel, qui conduit les individus à délibérer et à décider en vue de réaliser ce qui leur semble être la meilleure « communauté » domestique qui soit, c'est-à-dire, comme Ischomaque va le préciser juste après, celle qui « maintient l'avoir (τά τε ὄντα) [de l'*oikos*] dans le meilleur état possible et l'accroît autant que possible par des moyens honorables et légitimes » (*Écon.* VII, 15). Consolider et renforcer la valeur de l'*oikos* était sans doute une motivation explicite à l'époque classique, ce à quoi fait peut-être allusion une autre traduction possible de l'expression finale de l'extrait cité – « parmi les gens puissants » (ἐκ τῶν δυνατῶν ἐμέ). Ainsi s'explique ce qui, sans cela, pourrait passer pour l'évocation d'un sentiment personnel de la femme envers son mari envisagé dans son individualité propre. En effet, si Ischomaque était fardé, son épouse serait, dit-elle, « incapable de le *chérir* de toute [s]on âme » (ἀσπάσασθαι ἐκ τῆς ψυχῆς, *Écon.* X, 4). Il ne s'agit pas là d'une déclaration d'amour conjugale adressée au mari considéré dans sa singularité personnelle, mais de l'attachement à un partenaire dans la communauté de l'*oikos*. Le contexte de cette citation, qui concerne « la communauté des corps », en apporte la preuve : de même que les *espèces* du cheval et du mouton ne trouvent rien de plus agréable que le corps du cheval et du mouton, de même « les hommes ne trouvent rien de plus agréable que le corps de l'homme sans aucun artifice » (οὕτω καὶ οἱ ἄνθρωποι ἀνθρώπου σῶμα καθαρὸν οἴονται ἥδιστον εἶναι, *Écon.* X, 7). Rien de personnel là-dedans. On y reviendra à propos de la finalité de l'union conjugale.

Cette intention consciente qui préside aux unions représente, dans le discours d'Ischomaque, un point de convergence de la nature, de la religion et de la coutume : les trois institutions fondamentales par lesquelles l'homme trouve sa place dans le monde vont toutes dans le même sens. En effet, explique-t-il, les dieux ont différencié *naturellement* le corps de l'homme et de la femme en vue des fonctions économiques qui leur reviennent (ἅ τε οἱ θεοὶ ἔφυσάν σε δύνασθαι, *Écon.* VII, 16) : ils ont « procédé à un examen approfondi avant d'assortir ce couple qu'on appelle mâle et femelle pour le plus grand avantage de leur communauté » (*Écon.* VII, 18)[5]. Et la coutume (ὁ νόμος, *Écon.* VII, 16 et 30) confirme une telle distribution des aptitudes et des fonctions. Xénophon témoigne ainsi d'un système idéologique où tout converge en vue de ce qui semble avoir été la pratique, réelle ou idéale, d'une certaine *oikonomia*, qui laisse son empreinte sur l'idée et la pratique du mariage.

UNE STRATÉGIE SOCIALE,
ÉCONOMIQUE ET POLITIQUE MISE À NU

Platon, enfin, propose une troisième sorte d'approche, distincte de celle d'Aristote et de celle de Xénophon, et nettement critique à leur égard, notamment envers le second. Loin de considérer, comme Aristote, que les fondements naturels de la relation conjugale, à savoir la différence et la complémentarité des sexes en vue de la procréation, sont déterminants pour rendre raison de l'unité domestique dans sa dimension conjugale, Platon les subordonne à l'édification d'un ordre politique qui prime en tant qu'institution fondamentale par laquelle l'homme et la cité se réalisent ou, au contraire, se détruisent. Le moteur de l'union des sexes dans les relations conjugales ordinaires n'est pas, à ses yeux, la nécessité biologique que l'espèce a de procréer : c'est un ensemble de stratégies sociales d'ordinaire préjudiciables à la communauté civique, dont les agents ne mesurent pas toutes les conséquences. Platon part en effet du constat que, dans les cités empiriques et imparfaites dans lesquelles nous vivons, les unions sont mal réalisées, en ce que les deux motifs principaux qui les guident en règle générale œuvrent contre l'unité et la justice de la *polis*. Le premier, évoqué par Ischomaque et qui correspond à une réalité athénienne[6], est le désir de former des familles puissantes par leur richesse ou leur pouvoir. Un passage du *Politique* et un passage des *Lois* le signalent clairement :

> L'Étranger – [...] La plupart des gens forment ces unions d'une façon qui n'est pas appropriée à la procréation des enfants.

---

5   Voir VII, 22 pour la distribution des travaux de l'extérieur et de l'intérieur.
6   Voir Cox 1998, en particulier p. 38.

> Socrate le Jeune – Et pourquoi cela ?
>
> L'Étranger – À cause de la poursuite de la richesse et du pouvoir (τὰ μὲν πλούτου καὶ δυνάμεων). (*Politique* 310b)

> L'Athénien – Il [te] faudra contracter le mariage qui méritera l'approbation des gens réfléchis, qui te recommanderaient de ne pas fuir l'alliance avec les pauvres, et de ne pas trop chercher à te marier chez les riches. Il faut plutôt, toutes choses égales par ailleurs, toujours préférer le parti le moins opulent et s'engager dans cette union. La cité y trouvera son avantage, de même que les foyers qui résultent de ces unions (ταῖς τε συνιούσαις ἑστίαις). [...] Or il arrive d'ordinaire que chaque nature se porte vers ce qui lui ressemble le plus, d'où naît pour la cité dans son ensemble un déséquilibre tant des fortunes que des façons de vivre. (*Lois* VI, 773a-c)

Tandis que le *Politique* se contente de signaler ce problème sans le traiter, les *Lois* proposent, au nom de l'équilibre et de l'unité de la cité, un certain nombre de dispositions pour éviter que le jeu des intérêts d'argent et de pouvoir ne perturbe les unions et les naissances qui en résultent. Outre des dispositions éthiques et politiques générales – la richesse est placée d'emblée au dernier rang des biens humains, loin derrière les biens divins (*Lois* I, 631b-d), et la richesse (comme la pauvreté) fait l'objet d'une limitation pour tous les citoyens (*Lois* V, 744d-745b) – une mesure plus spécifique concerne directement le mariage :

> L'Athénien – [...] il faut interdire les dots, et expliquer aux pauvres que prendre femme sans dot ne condamne pas à mal vivre par manque de richesses. Car dans la cité qui est la nôtre, personne ne manque du nécessaire ; et les richesses porteront moins les épouses à faire preuve d'insolence et les maris de servilité basse et déshonorante. (*Lois* VI, 774c-d)

Interdire la dot, c'est soustraire le mariage aux jeux de pouvoir et à leurs répercussions sur toute la cité. C'est rappeler au citoyen que le mariage est avant tout une institution politique et publique, plutôt que privée, dont il n'est que l'instrument ou l'exécutant au nom d'un bien collectif dont il recevra les bénéfices s'il suit les prescriptions du législateur ou du bon gouvernant.

Le second motif qui, selon Platon, guide d'ordinaire les unions, est à la fois psychologique et politique. Il concerne la propension des deux caractères principaux présents dans les cités – les vigoureux et les tempérés – à vouloir s'unir avec ceux qui leur ressemblent plutôt que de s'unir entre eux :

L'Étranger – Les tempérés (οἱ μὲν που κόσμιοι) recherchent, je pense, le caractère qui est le leur, et autant que possible, c'est de ce côté qu'ils cherchent femme ; c'est aussi vers ces mêmes gens qu'ils envoient les filles qu'ils donnent en mariage, et la race vigoureuse en fait exactement autant (τὸ περὶ τὴν ἀνδρείαν γένος), courant après sa propre nature, alors qu'il faudrait que l'une et l'autre de ces races fassent tout le contraire. (*Politique* 310c-d)

Tendances à la fois naturelles et modelées par l'éducation, ces deux caractères soutiennent deux vertus, le courage et la tempérance, qui, malgré leur commune nature de vertu, entrent en conflit l'une avec l'autre (*Pol.* 306a-308b). Cette contrariété se révèle surtout à propos « des choses importantes » – les affaires politiques – où elle devient « une maladie, la plus détestable qui puisse s'abattre sur les cités » (*Pol.* 307e). Cultivée sans mélange, chacune d'elle mène en effet la cité à la ruine et à la servitude, la tempérance en la rendant incapable de se défendre, le courage en lui créant trop d'ennemis (*Pol.* 307e-308a). Sous l'effet de leur tendance spontanée à s'unir avec le semblable, ces deux vertus tendent alors à devenir des vices – respectivement la folie et la nonchalance (*Pol.* 310d-e) – néfastes pour la cité. Seule une opinion partagée par les deux groupes sur « le bien et le mal » (*Pol.* 310e) – c'est le « lien divin » que doit façonner le politique – peut assurer leur mélange par le « lien humain » du mariage (*Pol.* 310e-311a)[7]. Ce n'est qu'à cette condition que sera garantie leur coopération à tous les niveaux de la cité, surtout pour les magistratures qui sont si importantes pour son bon gouvernement (*Pol.* 311a). Que le dialogue portant sur la définition du et de la politique vienne se clore sur l'analyse du mariage dit assez bien que l'*oikonomia* ne saurait être traitée pour Platon qu'à l'échelle de la cité. Le destin de cette dernière dépend, entre autres, de la façon de se marier.

Les différences d'accents sont donc notables chez ces auteurs dans l'analyse des principes du mariage, et Platon est à l'évidence très critique envers le dispositif idéologique naturaliste d'Aristote, et celui, social, de Xénophon. Qu'en est-il, dès lors, de la nature de l'union conjugale ? Ces auteurs la conçoivent-ils tous de la même façon ?

---

7   Idem en *Lois* VI, 773a-b.

LA NATURE DU LIEN CONJUGAL DANS L'*OIKOS*
Versions de la communauté

Tous sont au moins d'accord sur ce point : l'homme et la femme dans l'*oikos* forment une communauté (*koinônia*)[8], et chez Xénophon, le partenaire est plusieurs fois appelé un *koinônos* (*Écon.* III, 15 ; VII, 11 et 13). Quel est donc l'objet de cette communauté ? Fondée sur la distribution des fonctions dévolues à l'homme et à la femme, elle engage dans chaque cas une certaine idée du commun.

L'*OIKOS*, LIEU ET PRINCIPE DE COMMUNAUTÉ

Le vocabulaire de la communauté (*koinônia, koinônos, koinos*) est omniprésent chez Xénophon pour qualifier l'union conjugale. Plus précisément, c'est l'*oikos* qui, pour Ischomaque, est à la fois le lieu et le principe de cette communauté : « Pour le moment », explique-t-il à sa femme, « c'est cette maison seule qui nous est commune » (νῦν δὲ δὴ οἶκος ἡμῖν ὅδε κοινός ἐστιν, *Écon.* VII, 13). En ce sens, si chacun est certes pour l'autre un « partenaire » (*koinônos*), il l'est avant tout, littéralement, de l'*oikos* lui-même et, de façon moins répétée, des enfants (τίν' ἂν κοινωνὸν βέλτιστον οἴκου τε καὶ τέκνων λάβοιμεν, *Écon.* VII, 11 ; *idem* VII, 30). Au début de l'ouvrage, Socrate laissait déjà entrevoir à Critobule qu'une femme qui est une « bonne partenaire *de l'oikos* » (κοινωνὸν ἀγαθὴν οἴκου, *Écon.* III, 15 ; je souligne) équivaut à l'homme sur ce plan là. L'union des époux n'a donc de sens que par l'intermédiaire de cette institution : ils ne forment pas par eux-mêmes une communauté, mais uniquement par la médiation de l'*oikos*.

C'est ce que confirment les quelques termes formés sur le préfixe *sun-*, qui évoquent une action accomplie ensemble. Ainsi, Socrate propose à Critobule de lui expliquer comment la femme peut être employée comme « auxiliaire » (συνεργοὺς, *Écon.* III, 10) du mari dans l'*oikos*, et la femme d'Ischomaque lui demande comment « contribuer » (συμπρᾶξαι, *Écon.* VII, 14) aux activités domestiques, ce à quoi Ischomaque répond

---

8   *Lois* VI, 773a et 773d ; *Pol.* I, 2, 1252b10 ; Xénophon, *Écon.* VII, 18 ; Pseudo-Aristote, *Écon.* III, 1, 1343b27.

en l'invitant à « faire croître ensemble » l'*oikos* (συναύξοιμι, *Écon.* VII, 16). Aussi leur demande conjointe aux dieux de ce qui peut être « le mieux pour tous les deux » (τὰ βέλτιστα ἀμφοτέροις ἡμῖν, *Écon.* VII, 8) n'évoque-t-elle pas une forme de réciprocité entre Ischomaque et son épouse mais, comme le signale le duel, leur commune participation à l'*oikos* ; ou plus exactement, c'est l'*oikos* qui rend commune cette participation et fait qu'elle les concerne tous les deux.

Que l'*oikos* soit le principe unique de la communauté entre les époux n'implique pas qu'ils y jouent le même rôle. C'est au contraire leur complémentarité fonctionnelle qui prévaut : elle est rendue possible par la différence naturelle de leurs corps (*Écon.* VII, 18-22) et de leurs aptitudes morales – tendresse pour la femme, bravoure pour l'homme (*Écon.* VII, 24-25) – à laquelle les dieux ont prudemment réfléchi (διεσκεμμένως μάλιστα, *Écon.* VII, 18). À l'homme l'extérieur, le soin de faire entrer les provisions et de défendre l'*oikos* ; à la femme l'intérieur, le soin de garder ces provisions, de les distribuer comme il convient (*Écon.* VII, 39-40), et de prodiguer ses soins aux nouveau-nés (*Écon.* VII, 24). C'est pourquoi la communauté des corps évoquée au moment de savoir s'il est légitime ou non de se farder (τῶν σωμάτων κοινωνήσοντες, *Écon.* X, 4 ; τοῦ σώματος αὖ δοκοίην εἶναι ἀξιοφίλητος μᾶλλον κοινωνός, *Écon.* X, 5) ne désigne pas tant l'union sexuelle que la complémentarité physique, et par là fonctionnelle, de l'homme et de la femme, dont l'union sexuelle n'est qu'une modalité possible. Le corps économique est le corps spécifique – de l'espèce –, non le corps individuel. L'analogie d'Ischomaque, déjà citée plus haut, le dit bien : de même que les dieux ont fait du corps des chevaux, des bestiaux et des moutons la chose la plus agréable du monde pour les chevaux, les bestiaux et les moutons, c'est-à-dire pour les membres de leur propre espèce, de même « les hommes ne trouvent rien de plus agréable que le corps de l'homme sans aucun artifice » (*Écon.* X, 7). Le conseil d'Ischomaque à sa femme pour rester belle le confirme : il ne vise pas à faire ressortir sa beauté individuelle, mais à faire en sorte qu'elle remplisse au mieux son rôle dans l'*oikos* (*Écon.* X, 9-13). Toujours active, elle aura ainsi non pas une apparence de beauté mais une beauté véritable : non pas celle de sa personne – car elle n'est personne pour ainsi dire (son nom n'est pas même mentionné) – mais celle qui fait transparaître et reconnaître en elle et par elle un ordre social à maintenir.

LA COMMUNAUTÉ DES ÉPOUX

S'ils font également de la relation conjugale une communauté, Aristote et, jusqu'à un certain point le Pseudo-Aristote, en précisent toutefois la notion par rapport à Xénophon : ils adoptent, avec plus ou moins de détails, la même distribution des fonctions que lui, mais proposent une autre idée du commun dans le mariage.

Le Pseudo-Aristote conçoit lui aussi la communauté domestique formée par l'homme et la femme (*Écon.* I, 3, 1343b27) comme une coaction (συνεργὰ, *Écon.* I, 3, 1343b20) en vue du bien-vivre, enracinée toutefois, comme pour Aristote, dans la communauté biologique du mâle et de la femelle. Comme l'indique une expression inspirée de Xénophon[9], la divinité a organisé la nature de manière à différencier les corps et les fonctions qui leur reviennent, dans le cadre d'une complémentarité similaire à celle exposée par Ischomaque : l'homme étant fait plus fort, la femme plus faible (*Écon.* I, 3, 1343b30), celle-ci est plus apte à garder ou monter la garde sous l'effet de la crainte qui l'anime, celui-là plus apte à repousser par son courage d'éventuelles attaques ; il est plus apte à apporter ce qui vient du dehors, elle est plus apte à sauvegarder ce qui est à l'intérieur ; son travail à elle sera plus sédentaire, son travail à lui, qui est moins doué pour la tranquillité, lui fera trouver la santé dans le mouvement. Quant aux enfants, si la genèse en est commune, elle les nourrit, il les éduque (*Écon.* I, 3, 1343b23-1344a6). Aristote, pour sa part, s'étend très peu sur le détail de cette répartition des fonctions : il se contente d'indiquer que « son rôle à lui est d'acquérir, son rôle à elle de conserver » (*Pol.* III, 4, 1277b24-25), et souligne surtout les différences de pouvoir entre les époux : l'homme et la femme dans l'*oikos* diffèrent en hiérarchie (*Pol.* I, 12, 1259a37-1259b2), parce que leurs âmes possèdent les mêmes parties mais de manières distinctes. Elles ont donc part aux mêmes vertus mais de façon différente (*Pol.* I, 13, 1260a9-21).

Malgré cette similitude avec Xénophon, Aristote et le Pseudo-Aristote se séparent de lui à propos de la nature de la communauté : elle a lieu pour eux directement entre l'époux et l'épouse, elle n'est plus médiatisée par l'*oikos*. C'est ce qui explique – ou s'explique par – la prise en compte de leur relation éthique, fondée à la fois sur la morale commune (ὁ κοινὸς νόμος, *Écon.* I, 4, 1344a10) et sur des considérations psychologiques. Examinons ces deux points.

---

9   Pseudo-Aristote, *Écon.* I, 3, 1343b26-27 ; Xénophon, *Écon.* VII, 18.

Concernant la morale commune, le Pseudo-Aristote évoque l'importance de respecter la justice, ou plus exactement de ne pas commettre d'injustice envers l'épouse, qui est particulièrement vulnérable – ce que suggère la référence aux Pythagoriciens selon qui la femme est comme « une suppliante, arrachée à son foyer » (*Écon.* I, 4, 1344a9-10). L'injustice à laquelle songe l'auteur désigne manifestement les « relations hors du foyer » évoquées juste après (*Écon.* I, 4, 1344a10) – vraisemblablement une allusion aux relations sexuelles extraconjugales. Quel sens donner alors aux « relations » (περὶ δὲ ὁμιλίας, *Écon.* I, 4, 1344a11) du mari envers sa femme ? Faut-il donner à cette expression un contenu de nature sexuelle, qui répondrait à la remarque précédente sur les « relations hors du foyer » ? Dans ce cas, le Pseudo-Aristote voudrait dire que le mari doit agir sur ce plan envers sa femme de manière à ce qu'elle ne soit ni trop en demande quand il est présent, ni ne se sente insatisfaite quand il est absent[10]. Ou bien faut-il prendre la formule en un sens « fonctionnel », directement lié aux tâches domestiques : la femme doit savoir être autonome dans l'exécution des tâches, aussi bien quand son mari est là que quand il ne l'est pas ? Dans un cas comme dans l'autre, on notera que le Pseudo-Aristote n'emploie pas le terme positif de « justice » à propos de cette relation, comme si l'important était de ne pas grever la relation, plutôt que de se mettre en quête de la nature de la justice au sens plein du terme dans cette même relation. Signe de cette distance par rapport à une définition positive de la justice, la mention succincte d'une forme de *philia* entre les époux (φιλικὸν, *Écon.* I, 4, 1344a15), que doit favoriser la similitude de leurs caractères (*Écon.* I, 4, 1344a16).

Aristote, quant à lui, évoque plus directement ces éléments éthiques dans un passage de l'*Éthique à Nicomaque*. La *philia* qui unit les époux peut se déployer selon un vaste registre. Fondée en nature, du fait que l'être humain est fait « pour le couple » (συνδυαστικὸν, *Éth. Nic.* VIII, 12, 1162a17), elle est susceptible des trois modalités de toute amitié : l'utilité, par laquelle « chacun supplée aux besoins de l'autre en mettant en commun les ressources qui lui sont propres (εἰς τὸ κοινὸν τιθέντες τὰ ἴδια) » (*Éth. Nic.* VIII, 12, 1162a19) – expression qui signale que la communauté tient à la relation entre les époux plutôt qu'elle n'est médiatisée par l'*oikos* –; le plaisir et, enfin, la vertu, du moins si les

---

10   C'est ainsi que comprend et traduit J. Tricot, *Les Économiques*. Nouvelle traduction avec introduction et notes, Paris, Vrin, 1958.

époux sont « convenables » ou « honnêtes » (ἐπιεικεῖς, *Éth. Nic.* VIII, 12, 1162a21). L'attitude du mari à l'égard de sa femme doit consister à se demander « comment faire ce qui est juste » (πῶς δίκαιον, *Éth. Nic.* VIII, 12, 1162a25). Cette justice n'est pas abstraite : elle prend la forme d'une relation de pouvoir particulière, propre à la relation conjugale, qu'Aristote définit comme « politique », au sens où le rapport est d'égalité entre l'homme libre et l'épouse libre, comme elle l'est entre gouvernant et gouverné (*Pol.* I, 7, 1255b20). Ce type de relation implique en général l'alternance dans l'exercice du commandement (*Pol.* I, 12, 1259b4-6). Pourtant, ce qui vaut pour la cité ne vaut pas pour l'*oikos* : Aristote prête à l'homme une faculté naturelle de commander qu'il n'accorde pas, ou moins, à la femme (*Pol.* I, 12, 1259b2), ce qui va contre l'alternance. Pourquoi dès lors appeler « politique » leur relation si elle ne laisse pas de place à l'alternance dans l'exercice du pouvoir dans l'*oikos* ? Sans nier – mais jusqu'à quel point ? – l'égalité du mari et de la femme, Aristote estime que l'exercice du pouvoir s'accompagne de signes de pouvoir – (insignes, titres et honneurs, *Pol.* I, 12, 1259b7-8). On peut donc supposer – le texte n'en dit rien – que l'homme présente davantage ces signes que la femme. Les *Magna Moralia* proposent une autre explication, fondée sur une comparaison avec les autres relations internes à l'*oikos* que sont la relation paternelle et la relation despotique :

> Le juste dans l'association du mari et de la femme se rapproche beaucoup de la justice politique. La femme sans doute est inférieure à l'homme ; mais elle lui est plus intime que l'enfant ou l'esclave ; et elle est plus près qu'eux d'être l'égale de son mari. Aussi, leur vie commune se rapproche-t-elle de l'association politique ; et par suite, la justice de la femme à l'époux est en quelque sorte plus politique qu'aucune de celles que nous venons d'indiquer. (*Magna Moralia* I, 33, 1194b22-29)[11].

Comparée aux autres relations de l'*oikos*, celle du mari et de la femme est celle qui se rapproche le plus de l'égalité politique, sans l'atteindre tout à fait. Dans tous les cas, le Pseudo-Aristote, et plus encore Aristote, déplacent le lieu de la communauté domestique : il ne se trouve plus dans l'entité surplombante de l'*oikos* mais dans la relation directe entre les époux eux-mêmes.

---

11 Je traduis en français la traduction anglaise de W.D. Ross, *The Works of Aristotle. Magna Moralia, Ethica Eudemia. De Virtutibus et Vitiis*, Oxford, Clarendon Press, 1915.

PLATON : L'*OIKOS* POLITIQUE
ET LA SIMILITUDE DES FONCTIONS

Où Platon se situe-t-il dans cette configuration ? Il n'en suit pas le
modèle, en n'évoquant ni la question de la distribution des fonctions entre
les époux ni celle de la justice entre eux. Pourquoi ? C'est de nouveau son
geste polémique et critique d'inscription dans la cité de ce que les autres
auteurs attribuent à l'*oikos* qui l'explique, soit son opération d'ancrage
politique de l'économique. Concernant le lieu d'application de la distribution des fonctions, Platon non seulement le déplace de l'*oikos* vers la
polis, au moment d'exposer la genèse de la cité au Livre II de la *République*
(369b *sq.*) mais il en change aussi le critère : il n'est plus sexuel, comme
chez les auteurs précédents, mais relatif au talent ou à la compétence (*Rép.*
II, 370a-b) ; et rien, dans les *Lois*, n'invalide cette idée. Dans ces deux
dialogues, Platon met au contraire en avant la similitude fonctionnelle
de l'homme et de la femme au nom de l'unité et de la force de la cité,
que ce soit entre gardiens et gardiennes dans la *République* (V, 455d-e)
ou, pour ce qui nous occupe ici, entre maris et femmes dans l'espace
domestique. Dans les *Lois*, l'Athénien exige « que pour l'éducation *comme
pour le reste* (καὶ τῶν ἄλλων), la femme partage les activités des hommes »
(VII, 805c-d ; je souligne), ce qu'il précise ensuite en excluant d'adopter
la pratique athénienne consistant « à ramasser toutes nos richesses en une
seule demeure, et [à les] confier à l'intendance des femmes en y ajoutant
le tissage et le travail de la laine dans son ensemble » (*Lois* VII, 805e).
Concernant la justice entre les époux, dans les *Lois*, Platon ne l'évoque
pas car il subordonne la communauté domestique à la communauté
d'affects et de valeurs qu'est la cité elle-même : les membres du foyer
lui appartiennent avant de s'appartenir à eux-mêmes (*Lois* VII, 804d ;
XI, 923b). Platon évoque toutefois deux mesures destinées à favoriser le
lien conjugal. La première porte sur la relation entre les futurs mariés au
moment de se choisir : ils sont invités à développer une connaissance et
une familiarité mutuelles (*Lois* VI, 771d), dont les bases sont jetées lors
de danses communes où chacun a le loisir d'observer le corps de l'autre.
La seconde mesure consiste à instituer des repas en commun : destinés à
arracher à la réclusion domestique les femmes « habituées à vivre retirées
et dans l'ombre » (*Lois* VI, 781c), ils doivent en quelque sorte les politiser[12],

---

12   Voir Helmer 2010, p. 247-249.

en les inscrivant dans la communauté civique dont leurs maris sont aussi membres.

Reste à se demander quelle est la finalité de l'union conjugale. Là encore, des différences d'accents chez les auteurs qui nous occupent sont révélatrices du sens qu'ils donnent à l'*oikonomia*.

LA FABRIQUE DES CORPS

Quelle est la finalité de l'union conjugale dans l'*oikos*? Elle est de produire des corps : non seulement d'en créer qui soient d'un type déterminé – c'est le corps des nouveau-nés, sur lequel Aristote et Platon font porter leur réflexion dans le cadre de considérations eugénistes complexes – mais aussi de penser et de rendre opératoires dans l'espace domestique les différences et les ressemblances entre les corps des époux – ce que fait Xénophon, qui ne donne à la procréation qu'un rôle secondaire dans ses analyses. Dans tous les cas, l'*oikos* est une institution dont la juste administration doit produire un certain corps, le corps domestique, sur lequel doit se fonder le corps civique ou politique des individus, parce que c'est de lui que dépendent en grande partie la permanence de l'*oikos* et celle de la cité.

ACQUÉRIR DES CORPS D'HOMME ET DE FEMME

Xénophon fait certes de la procréation un objet ou une fin de la relation que la divinité a prévue entre l'homme et la femme en organisant la différence de leurs corps et de leurs aptitudes. Ayant reçu la charge de nourrir les enfants, la femme bénéficie également, dans le partage des caractères, de plus de tendresse que l'homme à l'égard des nouveau-nés (*Écon.* VII, 24). Mais deux points signalent que c'est le corps des époux qui est au centre de la pratique (et du discours) économique selon Xénophon, plutôt que celui du nouveau-né.

D'une part, Ischomaque ne dit pas directement ou simplement que la divinité a conçu le corps de la femme pour donner naissance à des enfants et les nourrir : c'est bien plutôt pour exercer des tâches spécifiques dans l'*oikos* que la divinité a formé son corps et ses aptitudes. Selon Ischomaque, on l'a vu, le corps de la femme, plus vulnérable, est fait pour les tâches intérieures (*Écon.* VII, 23). Parmi elles, le soin des nouveau-nés (*Écon.* VII, 21) n'est qu'un des trois exemples, avec la préparation de la farine et la confection des vêtements. En d'autres termes, Ischomaque ne fait pas de la procréation le point central de ses recommandations à sa femme. C'est ce que confirment à la fois le faible nombre de ses commentaires à ce sujet, et ce propos : « si la divinité nous en donne un jour » (τέκνα μὲν οὖν ἂν θεὸς ποτε διδῷ ἡμῖν γενέσθαι, *Écon.* VII, 12), comme si le caractère aléatoire ou contingent de la chose – peut-être une référence à la mortalité infantile probablement élevée de l'époque ? – ne permettait pas d'en faire un facteur stable sur lequel compter pour assurer la perpétuation et la prospérité de l'*oikos* – ce qui, par contraste, expliquerait, en partie au moins, le détail des considérations eugénistes de Platon et plus encore d'Aristote. Pour Xénophon ou ses personnages, avoir des enfants peut certes représenter une aide pour les vieux jours d'Ischomaque et de son épouse (*Écon.* VII, 19 ; idem chez le Pseudo-Aristote, *Écon.* I, 3, 1343b21-23), ainsi que pour souder leur communauté (*Écon.* VII, 30) mais ce n'est pas l'objet essentiel de cette union.

D'autre part, l'objectif explicite de l'union conjugale, « conserver l'avoir et l'augmenter » (*Écon.* VII, 15), passe davantage par la distribution et la réalisation efficaces des compétences des époux que par le soin à accorder aux enfants. La justification de cette distribution tient, on l'a dit, à la différence, prévue par la divinité, des corps et de leurs aptitudes, secondées par des différences morales ou psychologiques générales (*Écon.* VII, 18-32). L'*oikos* est certes le lieu de manifestation de ces différences, mais il en est surtout la matrice, soit l'institution qui les rend significatives et opératoires. L'idée que la santé et la beauté de la femme d'Ischomaque – notamment la couleur de son teint (*Écon.* IX, 11) – lui viendront de son engagement actif dans les tâches qui lui sont assignées (*Écon.* IX, 9-13), tout le comme le bénéfice pour sa santé qu'Ischomaque retire de ses activités économiques lorsqu'il se rend aux champs (*Écon.* XI, 14 ; XI, 19), montrent que l'économie domestique est un discours et une pratique inscrivant les corps dans un ordre symbolique façonné par des valeurs : c'est par elle que la femelle acquiert un corps de femme, le mâle un corps d'homme.

L'EUGÉNISME D'ARISTOTE : LES CONDITIONS BIOLOGIQUES
DE LA PRODUCTION DES CORPS DES HOMMES LIBRES

Platon et Aristote, en revanche, font de la procréation l'un des buts principaux de l'union conjugale, car ils y voient l'un des ressorts essentiels de la perpétuation de l'*oikos* et de la cité. C'est toutefois sur la nature de leurs propos eugénistes qu'ils se séparent, c'est-à-dire sur les facteurs pertinents de la production des corps les meilleurs, du moins les plus souhaitables dans le cadre de leurs propos. Commençons par Aristote. Un passage des *Politiques* est consacré à cette question (VII, 16, 1334b30-1336a2), dans le cadre plus général d'une réflexion sur la fonction éducative du législateur, qui doit porter aussi bien sur le corps que sur l'âme (*Pol.* VII, 16, 1334b25-26). C'est directement à propos du corps – pour faire en sorte que « les enfants aient le meilleur corps possible » (*Pol.* VII, 16, 1334b30) – que le législateur doit d'abord intervenir dans les unions : son objectif est de favoriser la naissance de corps possédant « une bonne condition politique » (πολιτικὴν εὐεξίαν, *Pol.* VII, 16, 1335b6), c'est-à-dire non pas des corps d'athlètes mais des corps se prêtant aux activités des hommes libres (πρὸς τὰς τῶν ἐλευθερίων πράξεις, *Pol.* VII, 16, 1335b10-11). L'*oikonomia*, dans son versant humain, est ici pensée comme une entreprise de production d'un corps politique.

Deux questions guident Aristote pour déterminer l'action du législateur en ce sens : « quand et entre quelles sortes de gens doivent avoir lieu les rapports conjugaux ? » (*Pol.* VII, 16, 1334b32). Mais en réalité, la seconde question est traitée avec la première, au sens où l'âge des géniteurs exerce une influence sur leurs dispositions, morales et intellectuelles, influence qui peut se reporter sur leur progéniture. Traiter du « quand ? », c'est donc en même temps traiter du « de quelles sortes ? ». Ces deux questions qui n'en sont qu'une concernent ce qu'on pourrait appeler le temps optimal de l'union, qui donne lieu à deux interrogations : à partir de quel âge doivent débuter les unions, donc les mariages ? Quand est-il souhaitable que la procréation cesse ?

Concernant la première, Aristote mentionne plusieurs facteurs à prendre en compte : la durée de vie de l'homme et de la femme ; la contemporanéité des âges à partir desquels leur fertilité baisse pour éviter les mésententes que provoque, selon Aristote, leur non-coïncidence[13] ; et

---

13   Aristote n'explique pas les raisons de ces différends liés au décalage dans la procréation. Faut-il y lire la trace d'un risque pour l'accomplissement de la finalité de la nature

la prise en compte des écarts optimaux entre l'âge des enfants et l'âge des parents, pour qu'il n'y ait ni trop ni trop peu de proximité dans ces relations mutuelles, la trop grande proximité en particulier étant « source de récriminations dans l'administration familiale » (περὶ τὴν οἰκονομίαν ἐγκληματικὸν, *Pol.* VII, 16, 1335a3-4), sans doute parce qu'elle ne permet pas au père d'exercer convenablement sa fonction paternelle (*Pol.* VII, 16, 1334b33-1335a6).

C'est le critère de l'âge de la cessation de la fertilité chez les deux sexes – 70 ans chez les hommes, 50 ans chez les femmes (*Pol.* VII, 16, 1335b7-11) – qui doit déterminer l'âge du début leur union, ce qui invite à écarter les unions trop précoces, aussi bien pour des raisons biologiques – les rejetons sont imparfaits : plus petits, plutôt femelles que mâles (*Pol.* VII, 16, 1335b12-17), et cela affecte la croissance des pères – que morales – les jeunes filles qui ont des relations sexuelles jeunes en seraient rendues plus licencieuses (ἀκολαστότεραι, 1 *Pol.* VII, 16, 1335b24). Ces critères doivent conduire le législateur à déterminer l'âge minimal pour se marier vers 18 ans pour les filles et un peu moins de 37 ans pour les hommes (*Pol.* VII, 16, 1335b28-30), car les corps sont alors au point optimal de leur épanouissement. Quant à connaître la période optimale de procréation dans l'année, Aristote renvoie à des savoirs plus spécialisés, ceux des puériculteurs et des médecins.

Concernant l'âge limite de la procréation, c'est-à-dire l'âge au-delà duquel le corps du nouveau-né risque de ne plus avoir la « bonne disposition politique », Aristote en donne une idée approximative fondée sur l'observation que les enfants des gens âgés sont « imparfaits physiquement et intellectuellement » (*Pol.* VII, 16, 1335b31), et que ceux des vieillards sont faibles (*Pol.* VII, 16, 1335b32). En somme, après la cinquantaine, il faut être « déchargé de la fonction de donner le jour » (*Pol.* VII, 16, 1335b37). Aristote ne dit pas comment le législateur doit s'y prendre pour y parvenir et n'évoque aucune interdiction concernant l'activité sexuelle à cet âge et au-delà. Les brèves lignes sur l'adultère qui terminent le passage précisent qu'il faut que « soit absolument laid » (ἔστω μὲν ἁπλῶς μὴ καλὸν, *Pol.* VII, 16, 1335b39) de s'y livrer aussi longtemps qu'on porte le nom d'époux (*Pol.* VII, 16, 1335b40), et elles signalent aussi que l'indignité (ἀτιμία, *Pol.* VII, 16, 1336a1) doit frapper

---

– laisser un être semblable à soi ? – ou des considérations sociales, liées à la transmission du patrimoine par exemple ?

ceux qui s'y livrent alors qu'ils sont encore dans la période de procréation. S'agit-il d'une seule et même faute, qui ferait coïncider le statut
marital et la période de procréation ? Ou s'agit-il – ce qui semble plus
vraisemblable étant donné que la relation conjugale déborde la période
de procréation – de deux sortes de punitions, l'une morale, au nom de
la stabilité de la relation conjugale et de l'institution familiale, l'autre
légale et civique, apparemment plus forte, peut-être parce qu'elle met
en péril la linéarité de la succession et de l'héritage au sein de l'*oikos* ?

   Quoi qu'il en soit, qu'est-ce que ce corps civique qu'il s'agit de produire ? Défini par les activités dont il doit être capable une fois parvenu à
maturité – celles de l'homme libre, c'est-à-dire à la fois celles du citoyen
participant aux magistratures, celles de l'homme vertueux, et éventuellement celles de l'homme tourné vers les activités théorétiques – il prend
sens dans le cadre plus général d'une politique des corps dont le maillon
oikonomique, qu'Aristote dépeint rapidement ici, est à l'évidence le plus
déterminant. Aristote évoque en effet deux autres corps dans ce passage :
celui des femmes enceintes, qui sont invitées à en « prendre soin » (ἐπιμε-
λεῖσθαι τῶν σωμάτων, *Pol.* VII, 16, 1335b12) en évitant les deux extrêmes
du laisser-aller et de la frugalité ; et le corps infirme (πεπηρωμένον, *Pol.*
VII, 16, 1335b21) de certains nouveau-nés, qui doit être exposé (*Pol.* VII,
16, 1335b19-21). Concernant ces derniers, Aristote ne précise pas quelles
infirmités ou quel degré d'infirmité est visé, ou s'il s'agit d'une évocation indirecte des enfants de sexe féminin, dont on sait qu'il les présente
comme des mâles « infirmes » (πεπηρωμένον, *Génération des animaux* 737a)
et qu'ils faisaient davantage l'objet de l'exposition que les enfants mâles[14].

   L'enjeu de l'union conjugale est donc bien, en tant que dimension fondamentale de l'*oikonomia* domestique, de réaliser dans le corps
l'articulation du biologique et du politique. L'*oikonomia* domestique est,
en ce sens, le lieu d'une « biopolitique ».

L'EUGÉNISME DE PLATON :
LES CONDITIONS ÉTHIQUES DE LA PROCRÉATION

   L'eugénisme comme pratique inhérente à l'*oikonomia* domestique est
également présent dans les *Lois* de Platon. Selon l'Athénien en effet, « il
faut que la jeune mariée et le jeune marié considèrent qu'ils devront

---

14 Brulé 2009.

donner à la cité les enfants les plus beaux et les meilleurs possible » (καλλίστους καὶ ἀρίστους εἰς δύναμιν, *Lois* VI, 783d) : l'union conjugale doit, comme chez Aristote, produire un corps et une âme politiques, ou aptes à le devenir, la « beauté » en question étant peut-être synonyme du « sans infirmité » d'Aristote. Mais à la différence de ce dernier, c'est moins à la condition biologique générale du corps des parents que Platon s'intéresse pour que ce but soit atteint, qu'à leur disposition éthique, laquelle se répercute selon lui sur leur propre corps et, par l'intermédiaire de la procréation, sur l'âme et le corps de l'embryon. Aussi l'Athénien évoque-t-il les conditions ou les circonstances dans lesquelles doit avoir lieu la procréation, en distinguant le cas particulier de la procréation lors de la nuit de noces, du cas général de la procréation au cours de la vie conjugale. Tout d'abord, c'est la conduite des parents le soir des noces, en particulier du père, qui est déterminante : le risque de pro-créer ce soir-là est, sous l'effet du vin qui accompagne les festivités, de ne pas communiquer à l'embryon les qualités de consistance, stabilité et tranquillité qu'il doit avoir (*Lois* VI, 775c). En effet,

> l'homme pris de vin donne et reçoit des chocs de toutes les manières, de violents transports agitant son corps et son âme. Celui qui est ivre est un donneur de semence mauvais et vacillant, de sorte que, selon toute probabilité, il engendrera des êtres mal équilibrés et mal venus, rien qui aille droit son chemin, pas davantage selon le corps que selon le caractère. (*Lois* VI, 775c-d)

L'Athénien étend ensuite son propos à la procréation dans la suite de la vie conjugale :

> Aussi doit-on toute l'année, toute sa vie, et plus encore tout le temps que l'on procrée, être sur ses gardes et veiller à ne rien faire de son plein gré qui soit malsain ni rien qui ressortisse à la démesure ou à l'injustice. Car forcément l'être engendré en reçoit l'empreinte dans son âme et dans son corps, et on donne fata-lement le jour à des êtres qui ne vaudront rien à aucun égard. (*Lois* VI, 775d-e)

Il difficile de savoir si l'Athénien croit vraiment à une transmission biologique des dispositions éthiques, ou plus exactement, à l'impact psy-chique et physique sur les embryons des dérèglements éthiques de leurs géniteurs[15] ; ou s'il s'agit seulement d'une croyance destinée à asseoir

---

15   On trouve une idée similaire à propos des rapports de justice et d'injustice entre les individus : *Rép.* I, 335c ; *cf. Gorgias* 476b.

dans l'esprit des citoyens la continuité éthique entre la sphère *oikono-mique* domestique et la sphère politique. Quoi qu'il en soit, les mesures qu'il prévoit pour que la procréation se réalise dans les meilleures conditions sont de nature éthique et politique : le jeune marié doit prêter attention à son épouse et à la procréation, et le couple recevra la visite d'inspectrices chargés de s'assurer, pendant les 10 ans assignés à la période de procréation à partir de l'âge du mariage (entre 16 et 20 ans pour les filles, 30 et 35 pour les garçons, *Lois* VI, 785b), qu'ils prennent cette tâche au sérieux (*Lois* VI, 783e-784a). Cette dimension particulière de l'économie domestique, entièrement subordonnée à une visée politique, n'a donc pas pour seul objectif de donner des corps à la cité, mais d'inscrire l'ordre de la cité à même le corps des individus. L'économie domestique, envisagée au niveau de l'union entre les époux, constitue le point d'ancrage fondamental de la politique. S'unir – cela vaut pour Aristote, Xénophon, et de façon plus explicite encore pour Platon – c'est écrire la politique sur et dans les corps.

L'union conjugale est, on le voit, une dimension fondamentale de la réflexion philosophique classique concernant l'*oikonomia*. Elle fait l'objet de débats et de controverses concernant ses principes, sa nature et sa finalité. Pièce centrale de l'édifice sociopolitique et, plus largement, de la relation de l'être humain au monde, elle est décisive parce qu'elle est le lieu et le principe de l'articulation entre le biologique et le politique, par quoi l'ordre de la cité s'inscrit dans le corps de ses membres et, par lui, dans leur âme. Elle n'est toutefois pas intangible : si Philodème de Gadara l'évoque dans le cadre des critiques qu'il adresse à Xénophon et surtout au Pseudo-Aristote ou Théophraste (*Des Vices* IX, VIII, 45-46), il n'en traite pas lui-même dans l'exposé de sa doctrine sur l'*oikonomia* domestique. Une *oikonomia* sans mariage serait-elle donc envisageable ? La fin de son traité, il est vrai, donnera à l'amitié un rôle prépondérant dans l'acquisition et la dépense des biens, cette seconde activité étant chez les autres auteurs, on le verra, le lot des femmes. Ceci expliquerait que Philodème ne traite pas du mariage, et qu'il abandonne probablement la reproduction à une forme de nécessité si naturelle qu'il n'éprouve pas même le besoin d'en parler.

SI LOIN, SI PROCHES

Maîtres et esclaves à la lumière de l'*oikonomia*

Après les rapports entre les époux, ce sont les esclaves et leurs relations avec leur maître qui occupent nos auteurs lorsqu'ils traitent des biens humains dans le cadre de l'*oikonomia*. L'esclavage désigne une forme de domination sociale[1], en vertu de laquelle un individu, acquis par achat ou conquête, ou encore né de parents eux-mêmes esclaves, est soumis au pouvoir d'un maître. Ce dernier, particulier ou collectivité, en est le propriétaire, l'emploie à des tâches diverses, et peut aussi le vendre[2]. En ce sens l'esclavage est une réalité incontournable de l'économie domestique et civique en Grèce ancienne : pas de cité ni d'*oikos* sans esclaves, *oikos* dont ils font partie à la fois en tant que propriété et en tant que membres de la famille étendue au-delà du noyau matrimonial et filial[3]. Selon Aristote en effet, « une famille (οἰκία) achevée se compose d'esclaves et de gens libres » (*Pol.* I, 3, 1253b3-4). Pour le Pseudo-Aristote également, les êtres humains sont l'une des deux composantes de l'*oikos* (*Écon.* I, 2, 1343a18), les êtres humains en question désignant d'une part les époux libres, d'autre part ces possessions que sont les esclaves (*Écon.* I, 5, 1344a23). Le Socrate de Xénophon tient lui aussi pour acquis qu'il n'y a pas d'économie domestique sans esclaves, qu'ils soient réticents à travailler ou, au contraire, bien disposés (*Écon.* III, 4). L'Athénien des *Lois* de Platon remet également entre les mains d'esclaves les travaux agricoles se déroulant dans les *klêroi* – équivalents remaniés des *oikoi* – (*Lois* VII, 806d-e). Exception plus tardive qui entérine le cas général, un fragment de l'épicurien Diogène d'Œnoanda (fr. 56) laisse entendre qu'une communauté épicurienne sans esclaves serait envisageable, dans laquelle chacun exécuterait par soi-même les quelques tâches économiques

---

1   Descat 2007, p. 201.
2   Voir la synthèse de Descat 2007.
3   Sur l'esclavage domestique en Grèce ancienne : Golden 2011. Sur le rôle politique des esclaves : Ismard 2015.

requises dans les limites de la richesse naturelle. À ces arguments tex-
tuels unanimes s'ajoute un fait linguistique : à côté de *doulos* et de *pais*,
le terme *oiketês* désigne fréquemment l'esclave domestique[4].

Mais qu'en est-il de la frontière entre maîtres et esclaves dans l'espace
domestique ? Elle semble être à la fois de proximité et d'irrémédiable
distance. D'un côté, en effet, la forte intégration familiale des esclaves
se manifeste par l'influence qu'ils exercent sur les enfants libres, qu'ils
contribuent à éduquer (*Rép.* VIII, 549e-550a), ou par les relations affec-
tives ou d'étroite confiance qu'ils nourrissent avec leurs maîtres, ce dont
Homère donne des exemples dans l'*Odyssée* entre Euryclée et Télémaque
ou entre Ulysse et Eumée, ou encore Platon qui souligne la conduite
exemplaire de certains esclaves envers leurs maîtres (*Lois* VI, 776d-e)[5].
En ce sens, on ne saurait considérer les esclaves uniquement comme
des objets soumis passivement à la volonté de leur propriétaire : il faut
aussi voir en eux des sujets actifs, capables de négocier leur rôle dans
cette relation, de participer et de décider, jusqu'à un certain point, de
certains aspects de leur mode de vie[6]. D'un autre côté, pourtant, on
ne saurait occulter la violence inhérente à la relation despotique. Cette
violence est de trois ordres : elle tient aux modalités de la réduction en
esclavage, par la guerre ou par la chasse à l'homme[7] ; elle consiste dans
les mauvais traitements que son statut peut valoir à l'esclave de la part
de ses maîtres ; enfin, elle est liée au fait que « l'honneur » socialement
attaché au statut de maître va de pair avec l'infériorisation sociale et
morale de l'esclave lui-même, qui fait pour sa part l'expérience de la
« perte de son honneur », assimilable à une véritable « mort sociale[8] ».

C'est dans ce double contexte qu'il faut appréhender les passages pour
le moins ambivalents et paradoxaux que nos auteurs – principalement
Xénophon, Aristote, Platon et le Pseudo-Aristote – consacrent aux
esclaves et à l'esclavage dans le cadre de leur réflexion sur l'*oikonomia*.
En effet, qu'il s'agisse d'examiner le savoir et les fonctions *oikonomiques*
des esclaves – que doivent-il faire, que doivent-ils savoir pour bien le
faire, et à quels principes obéit la répartition de leurs diverses tâches ?
– ou qu'il s'agisse de s'interroger sur les moyens que doivent employer

---

4   Sur ce vocabulaire : voir Vlassopoulos 2011, p. 117.
5   Voir aussi Golden 2011, p. 135-136.
6   Vlassopoulos 2011, p. 115-130.
7   Chamayou 2010, Chap. 1.
8   Patterson 1982, p. 11-12.

les maîtres pour garantir l'efficacité de leur travail en s'assurant de leur obéissance, dans les deux cas, les esclaves sont présentés à la fois comme semblables aux maîtres, au point d'être décrits en hommes libres, et comme irrémédiablement serviles. Le même discours leur accorde à demi-mots une centralité fonctionnelle dans l'*oikos* – qui fait vaciller, en théorie du moins, la frontière entre libres et serviles – et les rend néanmoins invisibles en projetant sur eux le statut le plus opposé à cette même centralité. Comment donc se disent et se pensent simultanément dans le *logos oikonomikos* la différence radicale entre maîtres et esclaves, et leur extrême proximité, qui va parfois jusqu'à la similitude ? Pour le comprendre, il faut s'interroger sur les savoirs prêtés au maître et aux esclaves dans les traités sur l'*oikonomia*, ainsi que sur le portrait ambigu de l'esclave en homme (presque) libre qu'on y trouve.

Avant d'y venir, deux remarques sont nécessaires. D'une part, on ne trouvera pas dans ce chapitre d'analyse détaillée des pages qu'Aristote consacre à l'examen du concept d'esclave par nature au Livre I des *Politiques*. Ce passage, certes unique, fait déjà l'objet d'une abondante littérature[9], contrairement à l'étude de la relation despotique, chez Aristote comme chez les autres auteurs qui se penchent sur l'*oikonomia*. Aussi est-ce elle que nous privilégierons. D'autre part, l'objet de ce chapitre n'est pas de dénoncer l'apparent aveuglement de ces auteurs anciens au caractère inacceptable de l'esclavage : il est de comprendre par quel geste théorique et idéologique ils pensent à la fois la différence entre libres et serviles, et son ambivalence. Si tous sont d'accord sur le fait que l'esclave fait partie des κτήματα, « acquisitions », « propriétés » ou « possessions[10] », seul Aristote indique clairement que les modes d'acquisition des esclaves en général (et des esclaves domestiques en particulier qui nous intéressent ici) sont une branche de l'art de la guerre ou de l'art de la chasse (*Pol.* I, 7, 1255b38-39). Par la guerre, les ennemis peuvent fournir une main d'œuvre servile[11]. Quant à la chasse à l'homme[12], elle divise l'humanité en chasseurs et en proies,

---

9   Entre autres : Brunt 1993 ; Garnsey 1996 ; Lockwood 2007 ; Heath 2008 ; Karbowski 2013 ; Kamtekar 2016.
10   Platon : *Lois* VI, 776b-d. *Pol.* 289d. Aristote : *Pol.* I, 4, 1253b32. Pseudo-Aristote : *Écon.* I, 5, 1344a23. Xénophon dans l'*Économique*, et Philodème de Gadara dans *Des Vices* IX restent muets sur ce point.
11   *Cf.* Platon, *Rép.* V, 469b-c.
12   Platon, *Sophiste* 222c.

ce dont l'institution de la cryptie à Sparte semble fournir un exemple historique[13]. La « justice » ou la « légitimité » (οἷον ἡ δικαία, *Pol.* I, 7, 1255b39) qu'Aristote prête à ces pratiques tient au fait qu'elles doivent, selon lui, n'être exercées qu'envers ceux qui « sont nés par nature pour être commandés [mais qui] n'y consentent pas », une guerre de ce type étant « juste par nature » (ὡς φύσει δίκαιον, *Pol.* I, 8, 1256b26). Guerre ou chasse à l'homme : dans les deux cas prévaut un « droit » du plus fort, l'exercice d'une violence sans raison qui n'est pas remise en cause, et qui assoit la sphère socio-politique au sens large sur une forme de domination. Le discours *oikonomique* envisagé dans son ensemble est donc à peu près muet sur les conditions concrètes de possibilité de son objet : la violence fondatrice par laquelle une partie de l'humanité est soumise à une complète domination de la part d'une autre relève d'une technique de pouvoir qui est politique dans ses effets – elle rend possible la cité et l'*oikos* – mais qui, parce qu'elle est perçue comme extrapolitique, demeure le plus souvent impensée chez nos auteurs.

LE SAVOIR SERVILE : LE SAVOIR DU MAÎTRE ?

Quelles fonctions *oikonomiques* sont attribuées aux esclaves, et que doivent-ils savoir pour bien les exécuter ? Les deux grandes catégories de tâches évoquées dans le *logos oikonomikos* – l'administration d'un côté, les tâches plus directement techniques et physiques de l'autre – font l'objet d'un traitement très inégal au profit des premières.

LES TRAVAUX TECHNIQUES ET PHYSIQUES : DES TÂCHES ET DES ESCLAVES INVISIBLES

La plupart des textes *oikonomiques* se signalent par un silence presque complet concernant les tâches techniques et physiques exactes confiées aux esclaves, alors qu'elles étaient essentielles à l'*oikos*, nombreuses et très diverses : « s'occuper des enfants, soigner les malades, répondre à la porte et la surveiller, cuisiner, travailler la laine, porter des messages,

---

13   Ducat 1997.

aller chercher de l'eau, faire les courses[14]» – la liste pourrait s'allonger, notamment par la mention des diverses tâches agricoles. Or le Pseudo-Aristote se contente de signaler qu'« il y a deux espèces d'esclaves, l'intendant et l'ouvrier» (δούλων δὲ εἴδη δύο, ἐπίτροπος καὶ ἐργάτης, *Écon.* I, 5, 1344a25-26). Hormis la mention d'un portier (θυρωρός) requis dans les grandes exploitations «pour préserver les denrées qui rentrent et celles qui sortent» (*Écon.* I, 6, 1345a33-b1), il ne dit rien de la seconde catégorie alors qu'il donne quelques précisions sur la première (voir plus bas). Xénophon n'évoque – très brièvement – que le travail de la laine (ταλασίας, *Écon.* VII, 41) confié aux esclaves femmes, ainsi que quelques catégories générales d'outils ou d'ustensiles qui donnent une idée de certaines tâches accomplies dans l'*oikos* : «ce qui sert au travail de la laine, ce qui sert à préparer les céréales, ce qui sert pour la cuisine [...] ce qui sert à faire la pâte» (*Écon.* IX, 7) ; «les ustensiles pour préparer les céréales, préparer la cuisine, travailler la laine et ainsi de suite» (*Écon.* IX, 9). Seul Aristote fait état de cette diversité à la fois technique et hiérarchique au sein des travaux serviles :

> Il y aurait une science du maître et une science de l'esclave (ἐπιστήμη δ' ἂν εἴη καὶ δεσποτικὴ καὶ δουλική), celle de l'esclave étant précisément celle qu'on enseignait à Syracuse. Là-bas, en effet, moyennant salaire, les jeunes esclaves apprenaient le cycle complet de leurs offices. Et l'on pouvait perfectionner l'étude de certaines de ces disciplines, comme la cuisine et autres disciplines du même genre relevant du service (τῆς διακονίας). Des gens différents ont, en effet, des tâches différentes, les unes plus prisées, les autres plus indispensables, et, comme dit le proverbe, « il y a esclave au dessus de l'esclave, et maître au-dessus du maître ». Tout cela est donc sciences d'esclave (δουλικαὶ ἐπιστῆμαί). (*Politiques* I, 7, 1255b23-30 ; trad. Pellegrin modifiée)

Malgré ce constat de diversité, Aristote ne détaille pas le contenu des sciences ou des savoirs des esclaves. Ce silence relatif tient certes au fait que ce passage s'inscrit dans l'argument plus large annoncé au début de l'ouvrage[15] : démontrer la spécificité du pouvoir et de l'art politiques, en les distinguant des arts apparemment proches ou semblables, dont le pouvoir magistral ou despotique. Comme l'indiquent les lignes précédant le passage cité, alors que l'homme politique est défini par la science ou l'art qu'il possède, en revanche la condition de maître,

---

14 Golden 2011, p. 140.
15 Initié en *Pol.* I, 1, 1252a7-9 et rappelé en I, 3, 1253b19-20.

d'homme libre ou d'esclave est un fait, qui ne dépend pas de la possession d'une science correspondante : « on n'est pas appelé maître en
vertu d'une science mais du fait qu'on est tel (ἀλλὰ τῷ τοιόσδ' εἶναι), et
il en est de même pour les conditions d'esclave et d'homme libre » (*Pol.*
I, 7, 1255b20-22). Néanmoins, explique Aristote, on peut parler d'une
science du maître et d'une science de l'esclave, si l'on a toujours clairement à l'esprit qu'elles ne conditionnent pas ces statuts et les fonctions
qui leur correspondent. Le « fait d'être tel » – cette ontologie pour nous
si surprenante de la condition humaine – renvoie à la théorie générale
d'Aristote sur l'esclavage, qui propose de fonder en nature la différence
entre libres et serviles (*Pol.* I, 4-6, 1253b24-1255b16).

Au-delà de ce motif propre à Aristote, pourquoi donc ce silence général sur les fonctions techniques exactes des esclaves ? On peut invoquer
trois raisons principales. La première tient aux caractéristiques du *logos
oikonomikos* en tant que genre théorique. Qu'il prenne la forme d'un
traité économique séparé ou qu'il figure dans une œuvre plus large,
comme les *Politiques* d'Aristote ou les *Lois* de Platon, le *logos oikonomikos*
n'est pas un genre technique mais un genre philosophique. Son objet
n'est pas, comme le ferait un manuel, de décrire par le menu les tâches
oikonomiques qu'on exécute dans l'*oikos*, mais d'analyser les conditions de
sa bonne administration, c'est-à-dire d'en établir les principes, éthiques,
politiques et plus strictement *oikonomiques*. C'est précisément la technicité excessive de ses propos concernant l'agriculture, en décalage avec
la nature du savoir philosophique requis dans ce genre de traité, que
Philodème reproche à Xénophon (*Des Vices* IX, VII, 26-33, à propos de
Écon. XVI-XIX, 14).

La seconde raison, liée à la précédente, est que le *logos oikonomikos*
s'adresse au maître, non à ses esclaves : c'est lui qu'il s'agit d'instruire
et de former pour lui donner les moyens d'une bonne administration
domestique. Quand bien même Aristote reconnaît qu'il y a « avantage et
amitié mutuels entre un esclave et son maître quand tous deux méritent
naturellement leur statut » (*Pol.* I, 6, 1255b12-14), cette réciprocité n'est
pas égalitaire mais hiérarchique : c'est toujours du point de vue du
maître que la relation est décrite et pensée dans le *logos oikonomikos*, ce
qui détermine le type de savoir qui y est privilégié, soit le ou les savoirs
du maître, plutôt que ceux des esclaves – et ce d'autant que cette amitié
despotique est très nuancée ailleurs : « En tant qu'il [l'esclave] est esclave

on ne peut pas avoir d'amitié pour lui, mais seulement en tant qu'il est homme », (*Éth. Nic.* VIII, 12, 1161b5). C'est ce qui explique les larges passages que Xénophon consacre au savoir agricole plutôt qu'aux autres : il n'est justement pas attribué aux esclaves mais présenté comme celui de l'homme libre qu'est Ischomaque – ce qui n'empêche pas, on va y revenir, qu'il soit accompli par des esclaves (*Écon.* XX, 16).

Enfin, ce silence presque complet sur le détail des fonctions techniques des esclaves est également lié au fait qu'ils sont le plus souvent identifiés à leur corps, à la force physique qu'ils peuvent déployer. Pour Aristote, « ceux dont l'activité consiste à se servir de leur corps [...] sont par nature esclaves » (*Pol.* I, 5, 1254b18-19), et « l'aide que le corps procure pour les tâches nécessaires vient des [...] esclaves et des animaux apprivoisés » (*Pol.* I, 5, 1254b25-26). De même chez Platon, qui évoque ceux à qui l'on verse un salaire pour « la force de leur corps » (*Rép.* II, 371e) et qui sont notamment chargés des travaux agricoles (*Lois* VII, 806d-e), ainsi que d'autres tâches contre salaire (*Lois* V, 742a) – dans le passage cité de la *République*, Platon n'emploie pas le terme « esclaves », certes, mais c'est à eux qu'il songe indirectement puisqu'ils sont décrits dans les mêmes termes dans les *Lois* (ils vendent leur force pour un salaire). Dans tous les cas, donc, la diversité concrète des tâches est effacée au profit de ce qui leur sert d'instrument principal – le corps en tant que source de force employée envers la nécessité et non, comme pour le citoyen, pour son usage libre, à savoir la guerre (*Pol.* I, 5, 1254b31-32 ; VII, 17, 1336a7 et 14-15). Non seulement le *logos oikonomikos* passe sous silence toutes les tâches serviles *oikonomiques* où la part du corps n'est pas primordiale, comme les fonctions éducatives par exemple, mais en outre, une telle identification des esclaves à leur corps n'est, on le verra, qu'un aspect du discours tenu à leur sujet, car ils sont aussi présentés comme susceptibles d'une forme d'éducation, morale notamment.

Si le *logos oikonomikos* est muet sur les tâches techniques ou physiques des esclaves, il accorde en revanche une large place à celle des intendants ou des administrateurs, hommes ou femmes : parce que cette tâche est aussi, et d'abord, celle des maîtres.

LE STATUT AMBIVALENT DE LA FONCTION
D'INTENDANT OU D'ADMINISTRATEUR

Le vocabulaire de l'intendance domestique, soit de la fonction consistant à administrer l'*oikos* en assignant à des esclaves leurs tâches précises, fait intervenir, à l'époque classique[16], quatre termes qui désignent les individus exécutant cette fonction : l'*oikonomos*, l'*epitropos*, la *tamia* (seulement chez Xénophon, *Écon.* IX, 10-11 ; X, 10[17]), et le *despotês*. Ce vocabulaire pose quelques difficultés, la plus intéressante étant, du moins pour notre approche philosophique et ses prolongements anthropologiques, celle du statut de l'*oikonomos* : si dans notre corpus, l'*epitropos* et la *tamia* sont clairement des esclaves tandis que le *despotês* est assurément un homme libre, l'*oikonomos* en revanche relève de l'un ou l'autre statut selon les passages, sans qu'il soit toujours facile de déterminer duquel il s'agit. Par exemple, chez le Pseudo-Aristote, rien ne permet de savoir si l'*oikonomos* dont sont décrites les quatre fonctions (acquérir, conserver, mettre de l'ordre dans ses biens, et savoir s'en servir, *Écon.* I, 6, 1344b22) désigne, comme traduit Wartelle, « le maître de maison » au sens de l'homme libre qui aurait sous ses ordres un *epitropos*, ou bien s'il est ici l'équivalent de l'*epitropos* servile mentionné quelques lignes auparavant (*Écon.* I, 5, 1344a26). Même ambiguïté chez Platon : dans la *République*, Socrate craint que les gardiens de la cité ne se laissent corrompre par le désir de richesses et ne deviennent des « *oikonomoi* » (*Rép.* III, 417a). Si rien n'empêche qu'il songe à des hommes libres en employant ce terme, rien ne l'assure non plus : car on pourrait supposer qu'en comparaison de l'importance de la garde de la cité, c'est le caractère servile de cette fonction domestique, par référence au statut de ceux qui parfois (ou souvent ?) l'exécutent, que Socrate a en vue. En revanche dans le *Politique*, l'Étranger semble situer l'*oikonomos* du côté des libres en l'identifiant au *despotês* (259b), à moins que cette énumération, centrée sur la fonction de commandement, ne soit indifférente à la question du statut de ceux qui l'exercent. Dans l'*Économique* de Xénophon, le terme *oikonomos* n'apparaît

16   À l'époque hellénistique, *epitropos* est moins utilisé, et apparaît le *dioikêtês*, qui gère les affaires en ville d'un grand propriétaire terrien (Chandezon 2011, p. 103). Sur ce vocabulaire, et en particulier *oikonomos* : Cales 2019, Chap. I.

17   Le terme apparaît aussi chez Aristote pour désigner la fonction de trésorier des biens publics ou, comme chez Platon, des biens sacrés (*Pol.* VI, 8, 1321b34 ; 1322b25 ; *Lois* VI, 759e3 ; 774b3, d6, e1).

que deux fois, et la possibilité que l'art *oikonomique* soit aux mains d'un homme « ne possédant pas de biens personnels mais recevant un salaire en administrant la maison d'autrui », laisse ouvertes les options concernant son statut (*Écon.* I, 4). Ischomaque, qui expose son savoir *oikonomique* notamment en détaillant les fonctions de l'*epitropos* et celles de la *tamia*, n'est d'ailleurs jamais qualifié d'*oikonomos* dans l'ouvrage.

Cette ambivalence du statut de l'*oikonomos* n'est que le corollaire de l'entre-deux épistémologique de l'art économique lui-même – *oikonomia* ou *oikonomikê tekhnê* – par rapport aux fonctions civiques de l'homme libre. D'un coté, en effet, le souci de l'*oikos* est un attribut essentiel du citoyen : c'est de sa bonne administration qu'il tire le nécessaire pour lui et sa famille, et le droit de posséder la terre le démarque de toutes les autres catégories de personnes présentes sur le territoire de la cité, en particulier les esclaves et les étrangers. En outre, comme le rappelle Aristote, l'*oikos* est un premier niveau de communauté par et sur lequel s'exerce le sens éthique et politique de l'homme libre : car « avoir de telles notions en commun [le bien, le mal, le juste, l'injuste], c'est ce qui fait une famille et une cité » (*Pol.* I, 2, 1253a17-18). En ce sens, il est légitime et nécessaire que l'homme libre soit un bon *oikonomos* et dispose pour cela du savoir correspondant. Ce n'est que de cette façon qu'il pourra ou bien former de bons intendants qui lui seront subordonnés, ou bien donner lui-même directement ses directives aux esclaves à qui sont confiées les tâches plus directement matérielles et physiques. Il en va de même dans les *Lois* de Platon : si les citoyens n'exécutent pas eux-mêmes les fonctions agricoles techniques dans leurs lots parce qu'ils « ont remis à d'autres le soin d'exercer les métiers et [que] les cultures, confiées à des esclaves (δούλοις), procurent en produits de la terre tout ce qu'il faut » (*Lois* VII, 806d5-e2), ils ne sont pas moins responsables de la prospérité de leurs lots dans les limites de pauvreté et de richesse fixées par le législateur, au point qu'on peut parler à ce propos d'un « mérite économique » du citoyen. Ce dernier signale son degré d'attachement à la cité, soit son degré d'engagement politique, selon le niveau maximum de richesse agricole auquel il parviendra – richesse non personnelle mais reversée à la cité tout entière, et qui est récompensée par des charges politiques plus importantes[18]. Le lien entre bonne administration domestique et

---

18   Sur l'aspect économique de la citoyenneté chez Platon : Helmer 2010, p. 263-265.

engagement politique est encore plus explicite chez Xénophon : dans les *Mémorables*, Socrate explique à Nicomachidès que « le soin des affaires des particuliers ne diffère que par le nombre (πλήθει) de celui des affaires publiques : tous les autres points sont similaires » (*Mém.* III, 4, 12) ; et dans l'*Économique*, Ischomaque indique à sa femme que l'art *oikonomique* et à l'art politique obéissent aux mêmes principes d'organisation (*Écon.* IX, 14-15), le premier, on l'a dit, étant propédeutique au second (*Écon.* XXI, 2)[19]. Tous ces passages, qui justifient l'existence du *logos oikonomikos* en tant que discours à destination des hommes libres devant prendre soin de leur *oikos*, soulignent donc le lien étroit entre le statut d'homme libre et le souci des affaires domestiques, et combien il est important que le citoyen soit un bon *oikonomos*.

Pourtant, en se faisant *oikonomos*, le citoyen ne risque-t-il pas de brouiller la frontière qui le sépare des autres catégories présentes dans l'*oikos*, en particulier les femmes et les esclaves ? La question est d'abord factuelle ou historique, en ce que l'administration de l'*oikos* était une tâche féminine jusqu'au début du dernier tiers du Ve siècle[20], avant de devenir davantage – en tout cas dans les textes – une tâche plus masculine (du moins en ce qui concerne les travaux extérieurs) ; et elle était aussi souvent une tâche servile, comme le signalent les termes *epitropos* et *tamia* dans notre corpus. Mais la question est également théorique : de quelle nature doit être le savoir du maître de l'*oikos* s'il doit à la fois être en mesure d'assurer la bonne administration de son *oikos*, et pourtant ne pas s'en charger lui-même ? Si, pour maintenir la frontière statutaire, il doit ne pas être lui-même l'*oikonomos*, quel rôle *oikonomique* peut-il encore jouer, et à l'aide de quel savoir ?

Un tel brouillage des frontières autour de la fonction d'*oikonomos* est repérable aussi bien à propos des *personnes* accomplissant cette fonction, qu'à propos de *la distribution du savoir* correspondant à cette fonction. Concernant les personnes, dans un passage de l'*Économique* de Xénophon, Ischomaque recourt, pour évoquer le travail de sa femme et celui des esclaves qu'elle est chargée de superviser, à la très classique métaphore des abeilles et de leur reine. Or cette métaphore fragilise la distinction entre l'épouse libre et les servantes esclaves : car reine ou ouvrières, toutes n'en sont pas moins abeilles (*Écon.* VII, 17 ; 32-34 ; 38). Le choix de cette image n'est pas imputable à une inconséquence d'Ischomaque :

---

19   Voir le chapitre « L'objet et le statut controversés du savoir *oikonomique* », p. 44.
20   Chandezon 2011, p. 99. Voir Lysias, *Sur le Meurtre d'Ératosthène* 7 ; Eschyle, *Agamemnon* 155.

sur fond de référence poétique et de misogynie[21], elle est plutôt à mettre
au compte de l'ambivalence du statut de la fonction de direction dans
l'*oikos*, entre tâche libre et tâche servile. Une ambivalence similaire
concerne la distribution du savoir de l'*oikonomos*. Dans les trois extraits
qui suivent, le savoir directif du maître et celui de l'esclave sont en effet
très similaires, voire identiques. Tous deux en disposent et sont également
capables de le mettre en œuvre. Et c'est précisément la conscience nette
de cette confusion des statuts qui conduit nos auteurs, dans les mêmes
passages, à réaffirmer la différence des statuts. Ainsi, selon Aristote,

> la science du maître (δεσποτικὴ δ᾽ ἐπιστήμη) est celle de l'emploi d'esclaves.
> [...] Et cette science n'a rien de grand ni de vénérable (οὐδὲν μέγα ἔχουσα οὐδὲ
> σεμνόν) : elle consiste pour l'esclave à savoir ce qu'il doit faire, et pour le maître
> à savoir le lui ordonner. C'est pourquoi ceux qui ont les moyens d'éviter ces
> tracas en laissent le soin à un intendant (ἐπίτροπός τις), tandis qu'eux-mêmes
> s'occupent de philosophie et de politique. (*Politiques* I, 7, 1255b30-37)

L'intendant en question est à l'évidence un esclave, puisqu'à l'homme
libre sont réservées des activités « plus grandes et plus nobles ». Ce dernier
est en mesure d'accomplir ce que fait son esclave – employer d'autres
esclaves en leur assignant leurs tâches – mais, s'il en a les moyens, il ne
le fait pas en raison du caractère accaparant et peu gratifiant de cette
fonction. Il faut donc supposer que l'intendant servile à qui cette fonction
est alors confiée a lui aussi une idée du bon usage des autres esclaves,
donc de la finalité de l'*oikos*, bref, qu'il dispose de la raison aussi pleinement que son maître, et qu'il ne se contente pas de la posséder au sens
où « il la perçoit (αἰσθάνεσθαι) chez les autres » (*Pol.* I, 5, 1254b22-24)
sans disposer aucunement de la raison délibérative (ὁ μὲν γὰρ δοῦλος
ὅλως οὐκ ἔχει τὸ βουλευτικόν, *Pol.* I, 12, 1260a12). Toutefois, un partage
épistémologique et axiologique vient rappeler la nécessaire distinction
des conditions : le souci de la politique et de la philosophie réassigne
le maître et l'esclave à leurs lieux propres, alors même que l'économie
domestique semblait les rapprocher, voire les confondre.

Cette confusion et, simultanément, cette réaffirmation des frontières
apparaissent aussi dans un témoignage de Plutarque concernant Périclès.
Ce dernier manifeste son grand souci de l'*oikonomia* mais en confie la
charge à l'un de ses serviteurs :

---

21   Voir Mossé 1991, p. 98-99.

[Périclès] mit en ordre son économie domestique de la façon qui lui paraissait la plus simple et la plus exacte (συνέταξεν εἰς οἰκονομίαν ἣν ᾤετο ῥᾴστην καὶ ἀκριβεστάτην εἶναι) : il faisait vendre d'un coup toutes ses récoltes annuelles, et ensuite acheter au marché chaque denrée nécessaire. Ainsi réglait-il sa vie de chaque jour et ses habitudes. […]. L'unique responsable d'une pareille rigueur était un serviteur (οἰκέτης) du nom d'Évangélos, soit qu'il fût doué comme nul autre pour l'économie domestique, soit qu'il y eût été formé par Périclès (ὡς ἕτερος οὐδεὶς εὖ πεφυκὼς ἢ κατεσκευασμένος ὑπὸ τοῦ Περικλέους πρὸς οἰκονομίαν). (*Vie de Périclès* XVI, 3-6 ; trad. Loicq-Berger modifiée)

Ce passage souligne lui aussi l'égal intérêt et l'égal talent du maître et de son serviteur pour l'*oikonomia*, raison pour laquelle, sans doute, aucun des deux n'est qualifié d'*oikonomos*, ce titre pouvant revenir à chacun d'entre eux. Pourtant, cette similitude s'accompagne du rappel de leur différence : Périclès invente le mode d'administration domestique équilibré et rigoureux décrit par Plutarque, tandis que son esclave Évangélos est chargé de le mettre en œuvre, selon un partage des savoirs et des fonctions correspondant au schéma aristotélicien du maître prévoyant et de l'esclave exécutant. Ce partage est perceptible aussi dans l'alternative finale : ou bien Évangélos est doué naturellement pour ce type de tâche, et pas pour la politique, ce qui fait de lui un esclave par nature ; ou bien il a été instruit par Périclès, ce qui irait dans le sens du schéma aristotélicien séparant la prévision de l'exécution. Ischomaque, enfin, évoque lui aussi ce savoir partagé, qui est autant le sien que celui de ses esclaves, tout en réaffirmant ce qui le sépare d'eux :

j'essaie de former mes intendants de culture (τοὺς ἐπιτρόπους ἐν τοῖς ἀγροῖς) moi-même. L'homme qui doit être capable, en mon absence, d'avoir soin de mes affaires à ma place doit-il savoir (ἐπίστασθαι) autre chose que moi ? Si je suis à même de diriger les travaux (τῶν ἔργων προστατεύειν), je dois bien pouvoir, n'est-ce pas, enseigner à un autre ce que je sais moi-même. (*Économique* XII, 4)

On ne saurait être plus clair à la fois sur l'équivalence fonctionnelle entre l'homme libre qu'est Ischomaque et ses esclaves quand il s'agit de la tâche de direction générale de l'*oikos*, la fonction de ces derniers étant de remplacer leur maître en son absence, et sur leur différence : Ischomaque peut, lui, s'absenter de l'*oikos* pour se rendre à l'agora, où il discute avec Socrate en attendant des étrangers (*Écon.* VII, 1-2 ; XII, 1-2).

   Les raisons explicites de l'enseignement de la fonction directrice peuvent varier légèrement dans ces trois extraits, elles n'en renvoient pas moins toutes à un intérêt pour des activités extérieures à l'*oikos* – politique et philosophie chez Aristote, exercice du pouvoir pour Périclès, peut-être du négoce pour Ischomaque – qui prennent nécessairement sur le temps dévolu à la fonction domestique. Envisagé du point de vue de son efficacité, ce savoir *oikonomique* transcende donc les statuts : il est autant celui du maître que celui de l'esclave. Mais « l'égalité » s'arrête là : car en tant qu'il est transmis ou enseigné, il est moins partagé que délégué. De ce point de vue, l'esclave n'est pas le double fonctionnel du maître mais son prolongement, son extension. Ce savoir *oikonomique* de l'esclave n'est jamais vraiment le sien propre : c'est le savoir du maître.

L'accent mis sur la fonction directrice par rapport aux fonctions techniques dans le *logos oikonomikos* s'explique donc par le souci de réaffirmer, non sans ambivalence, la place, le statut et de la fonction de l'homme libre – et dans une moindre mesure de la femme libre – au sein de l'unité domestique. Parce qu'il est tourné à la fois vers la satisfaction des nécessités biologiques et matérielles, et vers la réalisation d'une communauté guidée par une certaine idée du Bien, l'*oikos* est nécessairement un lieu double et un lieu trouble, un espace de jonction et de négociation des statuts et des fonctions, où tout ce qui va dans le sens de leur convergence ou de leur similitude s'accompagne, contre la confusion risquant d'en résulter, d'une consolidation des frontières. Ce double jeu est perceptible aussi dans les considérations morales concernant les relations entre maîtres et esclaves, autre thème majeur du *logos oikonomikos*.

PORTRAIT AMBIGU DE L'ESCLAVE
EN HOMME (PRESQUE) LIBRE

Comment expliquer, dans les textes qui nous occupent, l'invitation constante faite au maître de bien traiter ses esclaves et, plus paradoxal encore, de les éduquer aux conduites de l'homme libre ? Deux raisons principales sont invoquées : le souci économique de garantir l'efficacité du travail des esclaves ; et une motivation à la fois éthique et politique collective, supérieure à l'intérêt individuel des esclaves. Dans tous les cas, le *logos oikonomikos* souligne de nouveau la proximité entre maître et esclaves, en présentant ces derniers avec les caractéristiques de l'homme libre. Là encore cependant, la frontière entre eux demeure infranchissable.

LE PSEUDO-ARISTOTE : DES ESCLAVES « LIBRES » ET OTAGES DE LEUR MAÎTRE

Le Pseudo-Aristote emploie deux fois l'adjectif « libre » à propos des esclaves. La première occurrence concerne certaines de leurs tâches (τὰ ἐλευθέρια τῶν ἔργων, *Écon.* I, 5, 1344a28), auxquelles ils doivent être éduqués ainsi qu'aux conditions morales qu'elles requièrent. La nature de ces tâches n'est pas précisée, mais le Pseudo-Aristote venant d'évoquer la différence entre l'*epitropos* et l'*ergastês* (*Écon.* I, 5, 1344a26), il songe probablement aux fonctions de direction ou de supervision du premier, qui doit savoir comment employer d'autres esclaves. Le second emploi de l'adjectif « libre » concerne les esclaves eux-mêmes, à propos de la façon dont il faut employer avec eux récompenses et punitions : « à ceux qui sont les plus libres, il faut rendre honneur (τοῖς μὲν ἐλευθεριωτέροις τιμῆς μεταδιδόναι) » (*Écon.* I, 5, 1344a30-31). Qui est désigné ? Le Pseudo-Aristote songe-t-il à ceux qui accomplissent le plus de *tâches* dignes des hommes libres, ou bien à ceux qui se *conduisent* le plus en hommes libres, indépendamment des tâches qu'ils accomplissent ? Dans tous les cas, ce portrait de l'esclave en homme libre est justifié par un souci d'efficacité dans l'administration économique domestique, ce qui donne lieu à de succinctes recommandations quant à l'éducation morale des esclaves. Fondées sur la surveillance et sur un système sommaire de punitions et de récompenses[22], qui exigent de savoir doser « travail, châtiments et nourriture » ou de répartir « selon la valeur (κατ᾿ ἀξίαν) nourriture, vêtement, détente, châtiment en parole et en acte », ces recommandations visent à éviter qu'ils ne soient ni trop mous ni trop ardents, et qu'ils s'acquittent correctement de leurs tâches (*Écon.* I, 5, 1344a35-b12). Autres moyens évoqués : leur fixer la liberté – l'affranchissement – comme récompense de leur travail sur la base d'un principe psychologique empirique voulant qu'ils « acceptent de se donner de la peine quand un prix est en jeu » (*Écon.* I, 5, 1344b15-17). Ou encore, les « retenir en otages en leur permettant d'avoir des enfants » (δεῖ δὲ καὶ ἐξομηρεύειν ταῖς τεκνοποιίαις, *Écon.* I, 5,

---

22 Idem chez Xénophon, *Écon.* XIII, 6-8.

1344b17-18) : étrange formule, jamais commentée, dont le relatif cynisme ternit l'apparente préoccupation de l'auteur pour la liberté morale des esclaves. Avec une telle mesure, semble dire le Pseudo-Aristote, l'esclave sera plus docile et aura le souci de son travail dans le but de préserver les siens, en évitant les sanctions que son incurie pourrait lui valoir. Peut-être Ischomaque (ou Xénophon?) partage-t-il cette vision des choses lorsqu'il déclare que « les bons esclaves, s'ils ont des enfants, se montrent généralement plus dévoués » (οἱ μὲν γὰρ χρηστοὶ παιδοποιησάμενοι εὐνούστεροι ὡς ἐπὶ τὸ πολύ, *Écon.* IX, 5) : comme si le dévouement des esclaves au maître augmentait avec leur vulnérabilité – la différence étant néanmoins qu'Ischomaque parle ici d'esclaves déjà bons ou serviables, non d'esclaves qu'il s'agit de rendre tels par cette mesure, comme l'envisage le Pseudo-Aristote. Quoi qu'il en soit, malgré la mention de l'énigmatique terme « les plus libres », la conclusion du passage du Pseudo-Aristote est claire : les meilleurs esclaves (γένη [...] βέλτιστα, *Écon.* I, 5, 1344b12) ne sont pas ceux qui sont les plus moralement semblables à l'homme vraiment libre, mais ceux qui s'acquittent le mieux des tâches qui leur sont confiées.

XÉNOPHON : L'ESCLAVE EST-IL LE DOUBLE DU MAÎTRE?

Passons à l'*Économique* de Xénophon. Si le souci de la liberté morale des esclaves y a également pour objectif affiché de s'assurer de leur travail en vue de la croissance de l'*oikos*, on ne saurait néanmoins y lire une forme de cynisme ou de pure instrumentalisation de l'éthique à des fins économiques. La qualité morale des esclaves y est partie intégrante de l'accomplissement réussi de l'administration domestique. Car, on va le voir, la qualité morale des esclaves est pensée comme étant le reflet et le résultat de celle des hommes libres auxquels ils sont soumis.

L'utilité économique de la bonne disposition morale des esclaves est un trait fondamental d'un bon *oikos* tel que Socrate le décrit à Critobule :

> Et maintenant, si je te montre ici des esclaves presque tous enchaînés tenter de s'enfuir souvent malgré ces précautions, ailleurs des esclaves déliés de chaînes, disposés à travailler et à rester là, ne crois-tu pas que je t'aurais montré un trait de l'économie domestique (τῆς οἰκονομίας) qui mérite d'être noté ? (*Économique* III, 4 ; trad. Chantraine modifiée)

Pour obtenir cette bonne disposition morale des esclaves, il revient au maître de tout faire pour qu'ils se conduisent en hommes libres. C'est ce qu'explique ensuite Ischomaque lorsqu'il expose la façon dont sa femme doit se conduire avec les esclaves domestiques – en particulier l'intendante –, et la façon dont lui-même doit éduquer l'intendant agricole. Deux points sont à noter. Tout d'abord, pour l'un comme pour l'autre, il s'agit de rendre les esclaves dévoués, en cultivant avec eux une sorte de réciprocité morale. La fonction de l'épouse, en effet, ne consiste pas seulement à distribuer leurs tâches à chacune des «abeilles» : elle est aussi, en apportant des soins à tout serviteur malade, de retirer un plus grand dévouement de leur part (*Écon.* VII, 37), et plus généralement de leur témoigner «des marques de soin ou d'intérêt grâce auxquelles ces abeilles nourrissent un tel attachement à l'égard de la reine que lors de son départ, aucune abeille ne croit devoir la quitter et qu'elles la suivent toutes» (*Écon.* VII, 38). De même qu'Ischomaque et son épouse apprennent à l'intendante «à leur montrer du dévouement» (*Écon.* IX, 12) en lui inspirant «le désir de contribuer à accroître la maison en la mettant au courant des affaires et en faisant qu'elle ait part à sa réussite» (τῆς εὐπρα-γίας αὐτῇ μεταδιδόντες, *Écon.* IX, 12, trad. Chantraine modifiée) – sans dire si cette étrange «participation» désigne les efforts qu'elle déploie ou les retombées (économiques? symboliques?) qu'elle en reçoit –, de même Ischomaque éduque son intendant agricole à lui être «dévoué» (*Écon.* XII, 5), en réponse à la générosité dont lui-même fait preuve envers lui (εὐεργετῶν, *Écon.* XII, 6-7). Le bon maître, poursuivra Ischomaque, est celui qui parvient à susciter chez ses esclaves «émulation mutuelle et ambition de se montrer le meilleur» dans l'accomplissement de ses tâches (φιλονικία πρὸς ἀλλήλους καὶ φιλοτιμία, *Écon.* XXI, 10). Marques d'attentions et dévouement se nourrissent mutuellement, pour le plus grand bien de l'*oikos*, comme si la relation hiérarchique et la différence statutaire étaient effacées ou très secondaires dans la relation morale et affective qu'il s'agit de tisser entre maîtres et esclaves.

Ensuite, les qualités morales attendues de l'intendante (*tamia*) et de l'intendant sont clairement celles de la femme et de l'homme libres. Concernant l'intendante, la modération morale qu'Ischomaque et sa femme exigent d'elle rappelle les traits attendus d'ordinaire d'une femme libre. L'intendante doit en effet être le moins possible portée «à la gourmandise, à la boisson, à dormir, à rechercher les hommes» (*Écon.* IX, 11), description qui fait écho au contrôle de ses appétits auquel l'épouse d'Ischomaque été éduquée (*Écon.* VII, 6), «les qualités admirées chez les filles étant à l'opposé de celles qu'on attendait des garçons : silence, soumission, et abstinence des plaisirs propres aux hommes[23] ». La référence à la liberté morale devient explicite lorsque, pour éviter qu'elle ne s'approprie dans l'*oikos* des biens qui ne lui appartiennent pas, Ischomaque et sa femme enseignent à l'intendante que « les gens justes vivent plus librement (ἐλευθεριώτερον) que les gens injustes » (*Écon.* XI, 13, trad. Chantraine modifiée), idée exposée dans les mêmes termes à propos des intendants agricoles formés par Ischomaque : ceux d'entre eux qui sont justes, c'est-à-dire honnêtes, Ischomaque les « traite comme des hommes libres » (τούτοις ὥσπερ ἐλευθέροις ἤδη χρῶμαι, *Écon.* XIV, 9) en les rétribuant par des biens matériels et par des honneurs. Ce portrait de l'intendant en homme libre – il n'est d'ailleurs jamais qualifié d'esclave mais « d'homme apte à l'intendance » (ἐπιτροπευτικὸς ἀνήρ, *Écon.* XII, 3, trad. Chantraine modifiée[24]) – culmine dans le fait qu'il est également instruit de l'art du commandement qui, outre ses ressemblances avec l'art d'être un bon roi, est précisément l'art qu'Ischomaque exerce envers ses esclaves (*Écon.* XIII, 3-5). Étrange intendant servile, donc, qui doit être un autre Ischomaque quand ce dernier est absent (ὅταν ἐγὼ ἀπῶ, *Écon.* XII, 4) : l'esclave est, à biens des égards, le double de son maître.

Pourtant, il serait plus juste de parler de doublure que de double : si le maître doit pouvoir se reconnaître en son esclave, il ne doit pas moins être radicalement différent de lui. La frontière entre libres et serviles demeure infranchissable. La méthode décrite par Ischomaque pour éduquer les esclaves le suggère, qui repose sur la distinction entre les hommes d'un côté, et les esclaves et des animaux de l'autre, et qui rompt avec la similitude entre libres et esclaves observée plus haut :

> Quant aux hommes (ἀνθρώπους), il est possible de les rendre plus obéissants rien qu'en usant de la raison (καὶ λόγῳ), en leur montrant que leur intérêt est d'obéir ; pour les esclaves (τοῖς δὲ δούλοις), la méthode d'éducation qui semble particulièrement convenir pour les bêtes sauvages (θηριώδης) est un très bon moyen pour leur apprendre à obéir. Si en flattant leurs appétits, tu satisfais leur estomac, tu pourrais en tirer beaucoup. Mais les natures qui ont de l'ambition (αἱ δὲ φιλότιμοι τῶν φύσεων) sont aiguillonnées par les compliments : certaines nature ont soif de compliments comme d'autres ont envie de nourriture et de boisson. (*Économique* XIII, 9 ; trad. Chantraine modifiée)

---

23   Pomeroy 1995, p. 74 (ma traduction).
24   Chantraine traduit cette expression en employant le terme « esclave ».

Un tel partage anthropologique rappelle la césure marquée d'Aristote entre, d'un côté, le maître doué de raison et, de l'autre, son esclave, seulement capable de la percevoir chez les autres (*Pol.* I, 5, 1254b22-24) et semblable à l'animal en ce que tous deux, on l'a dit, emploient leur force physique pour les tâches nécessaires (*Pol.* I, 5, 1254b25-26). Cette césure est toutefois ici plus radicale que dans sa version aristotélicienne – sans doute parce qu'il est d'autant plus nécessaire de marquer la différence que les rôles se sont confondus : assimilé à son estomac ou à ses ambitions, le *doulos* – unique occurrence du terme dans ce dialogue entre Ischomaque et Socrate – est exclu de la raison. Le commentaire d'Ischomaque selon lequel il n'a jamais vu de bons domestiques (οἰκέτας) chez un mauvais maître mais a déjà observé de mauvais serviteurs chez de bon maîtres (*Écon.* XII, 19) étaye cette interprétation : en somme, l'esclave, s'il est bon, ne tire pas cette qualité de lui-même mais de son maître. Cette claire évocation de la servitude par nature fragilise ou du moins relativise le degré de rapprochement entre libres et serviles évoqué par Ischomaque dans le reste du texte. Comme la science ou le savoir qu'il exerce, l'aptitude morale potentielle de l'esclave ne saurait lui appartenir en propre, elle n'est chez lui que d'emprunt. Elle est, là encore, la prérogative et l'attribut essentiel du maître. Aristote va en partie dans le même sens lorsqu'il écrit que « [...] le maître doit être la cause de la vertu de son esclave [...] » – en partie seulement parce qu'à la différence d'Ischomaque, il reconnaît la présence de la raison chez les esclaves, et recommande de les éduquer non par de simples ordres (ἐπιτάξει, *Pol.* I, 13, 1260b6-8) mais par des admonestations, qui supposent la capacité d'entendre le discours de la raison[25].

Comment donc interpréter la coexistence de ces deux cartographies anthropologiques contraires dans le texte de Xénophon – l'une qui rapproche, au point de les confondre, les libres et les serviles, l'autre qui les sépare radicalement ? Plutôt qu'une forme de cynisme, on peut y voir le signe d'une difficulté à penser ensemble la centralité fonctionnelle de l'esclave dans l'*oikos* en tant que communauté politique ou pré-politique, et sa complète inexistence civique.

---

25 Sur l'interprétation de ce passage, voir Saunders 2002, p. 101-102.

PLATON : SIMILITUDE MORALE,
DIFFÉRENCE FONCTIONNELLE

Les *Lois* de Platon, enfin, suivent un schéma similaire d'assimilation des esclaves aux hommes libres et, en même temps, de distinction nette entre eux, à propos des tâches économiques dans l'*oikos* ou, plus exactement, le *klêros*, avec pour horizon premier le même souci de s'assurer de leur fidélité et de leur travail. Ainsi, le portrait de l'esclave en homme libre au Livre VI, dans lequel l'Athénien évoque ces esclaves si dévoués qu'ils surpassent en vertu les frères et les fils de leur maître – donc des hommes libres (*Lois* VI, 775d7) – fait pendant au rappel des sanctions spécifiquement adressées aux esclaves, scrupuleusement distinguées « des admonestations qu'on adresserait aux hommes libres » (μὴ νουθετοῦντας ὡς ἐλευθέρους, *Lois* VI, 777e5) pour que la relation despotique soit efficace. Il fait aussi pendant à l'évocation d'une mesure préventive contre le soulèvement des esclaves – ne pas en avoir beaucoup parlant la même langue (*Lois* VI, 777c3), ce que recommande aussi le Pseudo-Aristote en suggérant de « ne pas acquérir beaucoup d'esclaves de la même ethnie », (*Écon.* I, 5, 1344b18-19).

Cependant, les *Lois* se signalent par deux changements majeurs par rapport aux passages de Xénophon et du Pseudo-Aristote. Tout d'abord, l'Athénien a conscience du caractère arbitraire et conventionnel de la distinction entre libres et serviles, qu'il impute à une sorte de nécessité et de violence politiques irréductibles – « la nécessaire division (τὴν ἀναγκαίαν διόρισιν) qui nous fait distinguer en pratique entre l'esclave et l'homme libre » (*Lois* VI, 777b4-5)[26]. Ce qui implique, ensuite, que si, en apparence comme Ischomaque, l'Athénien invite les maîtres à « semer un germe de vertu » dans l'âme de leurs esclaves (σπείρειν εἰς ἀρετῆς ἔκφυσιν, *Lois* VI, 777e2), ce n'est pas pour reconnaître aux premiers le monopole de l'excellence morale – car tous, libres et serviles, sont invités à suivre également les incantations morales de la loi (*Lois* II, 665c2-3) – mais pour leur montrer la responsabilité qui leur incombe s'ils souhaitent que les esclaves se chargent comme il se doit des tâches économiques, et qu'eux-mêmes puissent, de la sorte, accomplir correctement les tâches politiques. Loin d'une anachronique reconnaissance de la dignité des esclaves, la réelle liberté morale dont ces derniers doivent

---

26 Pour une étude détaillée de ce passage des *Lois* sur l'esclavage : Helmer 2019b.

faire preuve tient, pour l'Athénien, à l'exigence politique d'intégration de leur fonction économique dans l'ordre de la cité, au nom de son bien à elle. L'exigence platonicienne d'unité de la *polis* rend raison à la fois du marquage net de la frontière entre libres et serviles pour des raisons fonctionnelles de distribution des tâches, et de son atténuation sur le plan moral.

Si loin, si proches : dans le *logos oikonomikos*, tout porte à identifier les maîtres et les esclaves – du moins les intendant(e)s –, et tout les ramène pourtant à une différence radicale. Comme si les esclaves occupaient une place impensable, dont la centralité est polémique parce qu'elle est vitale pour la maison et la cité. Il y a là comme une sorte de dénégation générale de l'importance des esclaves, un « oui » qui affleure, toujours doublé d'un « non » qui le renvoie au silence. Manière, dans tous les cas, de reconnaître un pouvoir et un savoir aux esclaves, et de faire d'eux les doublures fantomatiques de leurs maîtres, leur reflet dans un miroir brisé.

PARTIE III

METTRE EN ORDRE LES CHOSES

Si l'*oikos* est certes un ensemble de personnes que distinguent leur statut, leur âge et leur sexe, et que la distribution de leurs fonctions respectives agence en une unité articulée, il ne s'y limite pas. Il est aussi une multiplicité matérielle d'activités et d'objets, occultée de la littérature savante pour les raisons méthodologiques et épistémologiques évoquées dans les pages précédentes. Pourtant, comme dans le cas des êtres humains, cette multiplicité pose elle aussi la question de sa mise en ordre unitaire : à la fois sur le plan pragmatique de l'utilité attendue des réalités qui la composent, et sur le plan pratique du Bien à l'horizon des trois opérations fondamentales de l'*oikonomia* – l'acquisition des biens ou richesses, leur conservation et leur bon usage. Les trois chapitres qui vont suivre portent sur chacune de ces opérations. L'acquisition des richesses ou des biens soulève la question de ses moyens et de ses limites, dans le cadre d'une réflexion technique, mais aussi éthique et politique. Il en va de même avec la conservation des ressources, étroitement liée au thème de leur dépense et à celui de leur disposition dans l'espace. L'agencement de la diversité des biens matériels dans l'*oikos* ou la cité, en effet, vise à assurer leur utilité effective mais aussi à rendre le monde quotidien lisible et intelligible, et par là habitable. L'usage, enfin, concerne la finalité des biens au-delà de leur utilité fonctionnelle. Il constitue en cela la fonction la plus directement liée à l'interrogation commune à ces trois opérations : dans quelle mesure l'*oikonomia* peut-elle être considérée comme un savoir et une pratique ayant le Bien pour objet ?

ACQUÉRIR

Des trois opérations architectoniques de l'*oikonomia* – acquérir des biens, les conserver, en user – la plus discutée dans le *logos oikonomikos* est l'acquisition (ἡ κτῆσις). Cela tient sans doute à ce qu'elle est la condition des deux autres, mais aussi à sa complexité. L'acquisition, en effet, est un geste à la fois technique, que peuvent accomplir des arts ou des techniques très variés ; éthique, au sens où l'acquisition met en jeu la dimension morale des individus, en particulier leur lien à la vertu, leur liberté et leur bonheur ; et politique, en ce qu'elle engage aussi le rapport entre l'agent qui acquiert et ses semblables au sein de la cité, et que les modalités de l'acquisition sont souvent liées à l'idée que le pouvoir en place se fait de l'économie et de la richesse. Sa centralité ne doit donc pas étonner, ce qu'Aristote signale lorsqu'il évoque le débat de son temps sur le sujet : « Il y a aussi une certaine partie qui, aux yeux de certains, est l'administration économique (οἰκονομία) elle-même, et qui pour d'autres *en est la partie principale* : je veux parler de ce qu'on appelle l'art d'acquisition des biens (χρηματιστικῆς) » (*Pol.* I, 3, 1253b12-14 ; trad. Pellegrin légèrement modifiée ; je souligne).

Ces diverses facettes de l'acquisition sont traversées par deux questions principales, communes aux auteurs de notre corpus. La première est de savoir s'il faut ou non poser des limites à l'acquisition. Cette question est fondamentale : outre qu'elle détermine en partie la nature des techniques acquisitives à privilégier en vue d'obtenir les biens recherchés – ce sera l'objet spécifique de la seconde question –, elle engage aussi « l'économie morale » des individus et des cités, soit le type de désirs et de valeurs qui définissent l'horizon de leur appétit d'acquisition, ainsi que les attitudes et les politiques correspondant à cet horizon. La seconde question porte sur la nature des activités ou des arts les plus propices à l'acquisition. Leurs procédés et leurs objets varient selon que l'on se place au niveau de l'*oikos*, de la *polis* ou de toute autre entité politique au sens large du terme.

ACQUÉRIR : JUSQU'OÙ ?

L'acquisition doit-elle avoir une limite ? Et si oui, pour quelles raisons, et comment la déterminer ? À la différence d'autres thèmes discutés dans le cadre du *logos oikonomikos*, qui suscitent des divergences parfois très marquées entre les philosophes, celui-ci fait consensus : tous plaident en faveur de la limite, aussi bien les épicuriens qu'Aristote, Platon, les cyniques, et Socrate dans l'*Économique* de Xénophon. Seul Ischomaque, dans ce dernier ouvrage, semble favorable à une croissance sans limite de l'*oikos*. Ce consensus n'ôte toutefois rien de son intérêt au sujet, pour la réflexion variée et souvent très poussée à laquelle il donne lieu. Sur fond de tradition archaïque et classique tendant à valoriser l'accumulation et la richesse[1], cette réflexion prend souvent l'aspect d'une discussion critique, de prime abord un peu convenue : elle oppose la modération exemplaire du philosophe à la tendance commune à l'acquisition sans limites. Ainsi chez Platon, Socrate se contente de peu, contre l'universelle propension tyrannique à l'accumulation et à la dépense. Chez Xénophon, il a le nécessaire, alors que Critobule est asservi à ses appétits insatiables. Enfin, le sage épicurien est heureux du peu que réclament ses appétits naturels et nécessaires, tandis que la plupart se laissent dominer et conduire au malheur par leurs appétits ni naturels ni nécessaires.

La discussion, cependant, est plus profonde qu'il n'y paraît : elle dépasse bien souvent cette césure catégorielle – le sage d'un côté, la multitude insensée de l'autre – en donnant lieu à un discours unitaire sur l'être humain envisagé dans sa dimension problématique d'être de besoin *et* de désir, et sur la façon dont cette dimension s'inscrit dans l'*oikos* et la *polis*. Car si c'est bien le fait nécessaire et biologique du besoin qui nous contraint à acquérir et qui inaugure notre dimension d'animaux sociaux – pour Socrate, « le besoin fait la cité » (*Rép.* II, 369c), et pour Aristote, l'*oikos* est cette première forme de communauté sociale constituée « en vue du quotidien » (*Pol.* I, 2, 1252b13) –, ce besoin n'en reste jamais au stade de la nécessité biologique. Il se déborde en désir, et la part de construction imaginaire, individuelle et sociale, qu'implique la détermination de son objet, fait qu'il est le plus souvent vécu avec la

---

1   Pour un tel jugement sur la richesse : Finley 1973, p. 35-36.

même implacable nécessité que celle du besoin. Ainsi, au Livre II de la *République* (372e-373a), la transition de la cité saine, avec ses besoins limités que satisfont des ressources simples, à la cité enfiévrée soutenue par la propension de chacun à convertir le superflu en nécessaire sous l'effet des mœurs (ἅπερ νομίζεται, *Rép.* II, 372d) ; la classification épicurienne des appétits, que distingue leur degré d'écart à la nécessité et à la nature (*Lettre à Ménécée* 127) ; ou encore l'idée socratique du contrôle de ses appétits (ἐγκράτεια, *Écon.* II, 1 ; VII, 27 ; XII, 16) opposée à la démesure tyrannique dans l'*Économique* de Xénophon : tous ces exemples sont autant d'illustrations de l'intérêt que ces philosophes portent à l'articulation complexe entre besoin et désir. Quand ils l'examinent dans le cadre plus précis de la question économique des limites de l'acquisition, c'est le plus souvent sous la forme de deux interrogations, ou d'une seule dédoublée en deux versants indissociables, l'un qu'on pourrait dire « objectif » ou « ontologique », et l'autre, plus abondamment traité, « subjectif » : d'une part, qu'est-ce que la richesse ? D'autre part, qu'est-ce qu'être riche ? – cette seconde question portant sur les modes d'organisation psychiques et politiques qui correspondent aux diverses modalités du désir de richesse, et qui déterminent en grande partie le versant « objectif » de la richesse. Dans le cadre du *logos oikonomikos*, certains des philosophes de notre corpus évoquent les deux questions (Platon, Xénophon, Épicure et Philodème de Gadara), d'autres une seule (Aristote, Diogène le cynique), et certains aucune (Pseudo-Aristote).

LA RICHESSE SANS LIMITES

La définition de la richesse fait l'objet de nombreux textes anciens, pour ses enjeux moraux et politiques évidents[2]. Bien qu'elle soit, chez ces philosophes, indissociable de considérations éthiques – ce qu'on appelle le versant « subjectif » – certains d'entre eux montrent que la richesse n'est pas purement *relative* à l'état éthique du sujet – soit à sa façon de désirer et à son idée du Bien – mais qu'elle est aussi une réalité objective, une certaine quantité d'avoir matériel. Ce caractère objectif de la richesse tient aux rapports qu'elle entretient avec la notion de « limite », à propos de laquelle les auteurs se divisent en deux groupes principaux. Il y a ceux, assez rares, qui estiment que la richesse acquise

---

2   Pour cette diversité des approches : Helmer (dir.) 2016c.

par l'*oikonomia* est étrangère à toute idée de limite ; et ceux qui, au contraire, considèrent qu'elle doit être limitée, mais que distingue le degré de nécessité qu'ils prêtent à cette limite dans leur définition de la richesse. Examinons ces deux groupes.

Seul Ischomaque, dans la seconde partie de l'*Économique* de Xénophon, semble ne pas poser de limite à la richesse qu'il s'agit d'acquérir dans le cadre de l'*oikonomia*. L'idée que cette dernière consiste à accroître l'*oikos* est présentée dès la première partie de l'ouvrage, dans l'entretien entre Socrate et Critobule : l'homme doué de l'art économique est capable « de faire des économies et d'accroître la maison (αὔξειν τὸν οἶκον) » (*Écon.* I, 4), idée reprise dans la récapitulation de la discussion : « l'*oikonomia* nous a semblé être le nom d'un savoir, et ce savoir nous apparaissait comme celui qui permet aux hommes d'accroître (αὔξειν) leur maison » (*Écon.* VI, 4 ; trad. Chantraine modifiée). Certes, le débat qui s'engage ensuite entre eux porte sur le versant subjectif de la richesse : elle repose avant tout de la capacité de maîtriser ses propres appétits, ce qui permet à Socrate de dire à Critobule, pourtant bien plus fortuné que lui mais sans contrôle sur lui-même, qu'il plaint sa « pauvreté » (*Écon.* II, 2-4). Mais dans l'entretien suivant, entre Socrate et ce modèle du bon *oikonomos* qu'est Ischomaque, la dimension objective de la richesse réapparaît, toujours sans limite déclarée. C'est ce qu'Ischomaque explique à son épouse : « le devoir d'un homme et d'une femme sages est de s'efforcer de maintenir leur avoir dans le meilleur état possible, et de l'accroître autant que possible (ὅτι πλεῖστα) par des moyens beaux et justes » (*Écon.* VII, 15 ; trad. Chantraine modifiée). Ces moyens, ce sont la bonne distribution des tâches entre le mari et la femme, la bonne direction que chacun d'eux exerce sur les esclaves, en particulier sur les intendant(e)s – soit les chefs des esclaves –, et la gestion efficace des ressources, consistant à les ranger à leur place dans la maison et à maintenir l'équilibre entre acquisitions et dépenses[3]. La difficulté et l'intérêt de l'ouvrage est de savoir comment concilier l'enseignement de Socrate – pour qui la richesse est un rapport subjectif entre des désirs limités et ce qui suffit à les satisfaire, ce qui rend l'idée de croissance hors de propos – et le fait qu'Ischomaque est présenté comme un administrateur compétent et digne d'imitation, alors même qu'il n'assigne pas de limite quantitative

---

3   Voir les chapitres suivants.

à la richesse objective mais tend au contraire vers sa recherche illimitée. La clé de cette difficulté se trouve dans le rapport distinct que Critobule et Ischomaque entretiennent avec la dépense, soit avec leurs désirs. À la différence de Critobule, Ischomaque maîtrise ses appétits et contrôle ses dépenses. S'il est en cela similaire à Socrate, il s'en différencie toutefois en ce qu'il a la charge d'un *oikos*. Ischomaque, en somme, est une sorte de Critobule rééduqué, ou de Socrate *oikonomikos*, ce que ce dernier précisément refuse de le devenir – non qu'il ne le puisse mais parce qu'il consacre son temps à la philosophie[4].

LA RICHESSE LIMITÉE

Pour ambivalent qu'il soit par son mélange de croissance objective et de modération subjective, le cas d'Ischomaque reste toutefois exceptionnel dans notre corpus. La plupart des philosophes s'accordent en effet sur l'idée que la richesse entretient un étroit rapport avec la notion de limite quantitative. Que ce soit parce que, pour Platon, elle *doit* être limitée pour des raisons politiques, ou parce que, pour Épicure et Aristote, la limite *est* une propriété inhérente au concept même de richesse.

Dans la *République*, Socrate estime que la croissance d'une cité – et la conquête territoriale qu'elle implique – ne peut se poursuivre dès l'instant qu'elle met en péril son unité interne. Sous l'effet du sentiment d'injustice qu'entrainent de trop grandes disparités économiques entre ses membres, une cité, en effet, cesse d'être « une » cité et devient « deux cités en guerre l'une contre l'autre : celle des pauvres et celle des riches » (*Rép.* IV, 422e-423a), comme l'explique ce passage :

> Socrate – Eh bien donc, dis-je, voilà ce que serait aussi la limite la plus convenable à considérer par nos dirigeants pour fixer la taille de la cité et déterminer, une fois donnée sa taille, le territoire qu'elle doit avoir, en abandonnant le reste de territoire.
> Adimante – Quelle limite ? dit-il.
> – Je crois, dis-je, que c'est la suivante : qu'elle s'accroisse tant que, en s'accroissant, elle persiste à être une, mais pas au-delà.
> – Oui, c'est ce qu'il faut, dit-il.
> – Nous donnerons donc aux gardiens encore cette autre instruction, de prendre garde par tous les moyens à ce que la cité ne soit ni petite ni apparemment grande, mais qu'elle soit en quelque sorte suffisante et une. (*République* IV, 423b)

---

4   Dorion 2008, en particulier p. 269-273.

Cette l

Cette limite politique assignée à la croissance de la cité, fondée sur l'idée que le bien politique est l'unité civique, définit simultanément la limite de sa richesse possible – limite dont la valeur quantitative n'est pas déterminée, parce qu'elle est entièrement subordonnée au critère du bien politique.

Ce qui vaut pour l'ensemble de la cité dans la *République* vaut, dans les *Lois*, pour les lots ou domaines agricoles égaux qui forment le territoire politique et économique de la cité juste de Magnésie. Le personnage principal du dialogue, l'Athénien, détermine une unité de mesure de l'avoir matériel autorisé dans cette cité, ainsi qu'un écart maximal entre richesse et pauvreté, dans l'idée que les trop grandes disparités de niveau matériel sont source de dissension et d'injustice (*Lois* V, 744d3-5). L'unité de mesure – qui est à la fois le seuil inférieur de la pauvreté et la limite de l'unité de richesse – est donnée par le lot lui-même, soit l'une des 5040 exploitations agricoles résultant du partage initial du territoire de la cité, selon une répartition la plus égale possible des terres, les différences d'étendue compensant les différences de fertilité (*Lois* V, 745d4). La conservation des lots étant la base de la conservation de la cité, leur nombre ne peut ni s'accroître ni diminuer (*Lois* V, 741b2-3). Si Platon ne détermine mathématiquement ni leur taille ni leur valeur marchande, c'est parce qu'importe surtout leur fonction d'étalon de mesure des appétits, soit leur fonction d'objectivation du subjectif : ces lots doivent subvenir aux besoins des familles qui les habitent et les exploitent, besoins limités puisque les habitants de cette cité ont été choisis pour leur modération (σώφρονας, *Lois* V, 737d1) – cette vertu constituant le versant subjectif de la richesse sur lequel se fonde le versant objectif qui nous intéresse ici.

Sur la base du lot, l'Athénien fixe la limite de la richesse maximale autorisée dans la cité en assignant

> pour limite à la pauvreté la valeur du lot initial, qui doit subsister et qu'aucun magistrat ne verra d'un œil indifférent diminuer, ni non plus, en vertu des mêmes considérations, aucun autre citoyen qui tient à mettre son honneur dans la vertu. En prenant cette valeur pour unité de mesure, le législateur permettra d'en acquérir le double, le triple, en allant même jusqu'au quadruple. (*Lois* V, 744d8-e5)

Cet écart limité entre pauvreté et richesse, de 1 à 4 ou 5 selon qu'on prend en compte ou non le lot initial lui-même[5], introduit de la

---

5   Saunders 1961.

commensurabilité entre les citoyens, ce qui a deux effets bénéfiques pour la cité. D'une part, personne n'y est pauvre ou riche au point que les citoyens puissent devenir de parfaits étrangers les uns pour les autres : une scission de la cité comparable à celle décrite plus haut au Livre IV de la *République* y est sinon impossible, du moins improbable. D'autre part, l'émulation suscitée par la richesse matérielle affichée en public ne saurait y avoir lieu, ce qui freine la course au luxe et le phénomène de surenchère dans le désir d'acquisition auquel cette émulation donne naissance d'ordinaire[6].

Cependant, cette limite objective que Platon assigne à la richesse lui demeure extérieure : même excessive, la richesse reste considérée comme une forme de *richesse* (*Lois* V, 742e6 : πλουσίους δ' αὖ σφόδρα ; 743c3 : οἱ παμπλούσιοι ; 743d3 : χρηματισμὸν πολὺν). Il faut se tourner vers les Épicuriens et Aristote pour que la notion de limite devienne constitutive ou inhérente à son concept, de sorte que la richesse en excès cesse d'être richesse.

Dans l'*Économie*, Philodème de Gadara emploie l'expression « mesure de la richesse (πλούτου μέτρον) [...] » – mesure que seul le philosophe sait déterminer (*Des Vices* IX, XII, 17-19). Quel sens donner à cette expression ? Le terme grec μέτρον (« mesure ») donne son caractère objectif à la limite de la richesse, puisque son sens premier est celui d'étalon employé pour mesurer une grandeur. Mais comment déterminer cet étalon de mesure lui-même ? Il faut, pour le comprendre, se tourner vers le concept de « richesse de la nature » élaboré par Épicure et repris par ses condisciples, comme l'épicurien Métrodore dans son *De la Richesse*, que Philodème évoque dans le même passage (*Des Vices* IX, XII, 26-27). Pour le fondateur du Jardin en effet, « la richesse de la nature (ὁ τῆς φύσεως πλοῦτος) est [...] limitée (ὥρισται) [...]. Mais celle que l'on estime d'après les opinions sans fondement s'épuise dans l'absence de limites (εἰς ἄπειρον ἐκπίπτει) » (*Maxime capitale* XV). Ce lien établi par Épicure entre nature et limite est ce qui donne son caractère objectif à la richesse. L'expression « de la nature » signifie que le travail pratique de la raison prudentielle, consistant à savoir choisir les plaisirs et les douleurs les plus propices au bonheur, se fonde directement sur la réalité ontologique des choses, telle qu'Épicure la présente dans sa physique ou « physiologie », c'est-à-dire

---

6   Pour un équivalent contemporain de ce phénomène : Frank 2010.

sa théorie de la nature. Si celle-ci ménage une place à l'illimité – par exemple en ce qui concerne le nombre d'atomes et le vide qui constituent la réalité première (*Lettre à Pythoclès* 41), ou encore le nombre de mondes (*Lettre à Pythoclès* 45 ; *Lettre à Hérodote* 89) – cet illimité ne sert cependant que de matière première ou de cadre à l'individuation des corps ou des réalités observables, individuation qui, elle, suppose une limite. En ce sens, on a pu dire que la limite est omniprésente dans la physique d'Épicure, qu'il s'agisse du nombre de variétés d'atomes, de leur taille, de la taille de leurs « parties » ultimes, du nombre de formes possibles de l'univers, ou encore la grandeur de tout univers[7]. Par exemple, écrit Épicure, « un monde est une enveloppe du ciel, enveloppant astres, terre et tout ce qui apparaît, qui s'est scindée de l'illimité (ἀπὸ τοῦ ἀπείρου) et qui se termine [qui se termine par une limite] (καὶ λήγουσα [καὶ καταλήγουσα ἐν πέρατι]) » (*Lettre à Pythoclès* 88). De même, « les mondes et tout composé limité (πεπερασμένην), présentant une forte ressemblance de forme avec tout ce que nous voyons, sont issus de l'illimité (ἀπὸ τοῦ ἀπείρου) » (*Lettre à Hérodote* 73).

Or ce qui vaut pour la physique du Jardin vaut pour son éthique : la fin naturelle à laquelle tend toute inclination ou tout désir guidé par la raison est un bien en ce qu'il est limité. En effet, « celui qui a appliqué son raisonnement à la fin de la nature (τὸ τῆς φύσεως [...] τέλος) [...] comprend qu'il est facile d'atteindre pleinement le terme des biens (τὸ μὲν τῶν ἀγαθῶν πέρας) » (*Lettre à Ménécée* 133) – « terme » lié au fait que tout bien est « limité » en tant que tel, πέρας ayant les deux sens en grec. Aussi le calcul des plaisirs et la discipline des appétits auxquels se livre la raison prudentielle consistent-ils à assigner des limites aux plaisirs et aux appétits[8], par différence avec « les opinions sans fondement » tournées vers l'illimité, dont les « banquets et les fêtes ininterrompus » sont les manifestations ordinaires (*Lettre à Ménécée* 132). Il en va de même dans le cas particulier de la richesse. La raison comprend qu'« elle coïncide avec ce qui suffit matériellement au bonheur [et] correspond [...] à un type de possession qui requiert peu d'efforts spécifiques [pour l'obtenir] [...][9] ». Bref, elle est limitée, et à l'inverse, « une richesse qui ne connaît pas de limite est une grande pauvreté » (*Sentences Vaticanes*

7   De Lacy 1969, p. 106.
8   Voir Morel 2013.
9   Morel 2016, p. 117.

25). Ce caractère objectif de la richesse intervient directement dans les affaires économiques dans la mesure où l'administration de sa demeure ou de son *oikos* est partie intégrante du genre de vie épicurien. Épicure l'indique dans la *Sentence Vaticane* 41 – « il faut en même temps rire, philosopher, administrer sa maison, et pour le reste, s'occuper de ses affaires domestiques, et ne jamais cesser de proclamer les formules qui trouvent leur origine dans la droite philosophie » –, et Philodème le confirme en consacrant à cette question un traité entier.

Si Aristote, enfin, emploie dans les *Politiques* une expression proche de celle d'Épicure – celle de « richesse *selon* la nature » (ὁ πλοῦτος ὁ κατὰ φύσιν, *Pol.* I, 9, 1257b19-20) annoncée peu auparavant par l'expression « véritable richesse » (ὅ γ᾽ ἀληθινὸς πλοῦτος, *Pol.* I, 8, 1256b30)[10] – et s'il place également la richesse sous le signe de la limite, c'est toutefois en un sens différent d'Épicure. La question qu'il examine est de savoir si l'art de l'acquisition des richesses (τῇ χρηματιστικῇ), subordonné à celui de leur usage qu'est l'administration de l'*oikos* (*Pol.* I, 8, 1256a10), en est une partie ou bien s'il en diffère en genre (*Pol.* I, 8, 1256a15-18). L'enjeu de cette alternative est de savoir dans quelle mesure la recherche *illimitée* de richesses – qui est la forme sous laquelle l'art d'acquisition est souvent pratiqué dans les faits – est compatible avec l'art de bien administrer son *oikos*. Aristote répond à cette question en distinguant deux formes de l'art d'acquérir (κτητικῇ), et précise par là ce qu'il entend par richesse. La première consiste, pour les animaux comme pour l'homme, à utiliser les ressources que la nature met à leur disposition pour se nourrir – la majeure partie de l'humanité vivant des fruits de la terre et de l'agriculture (*Pol.* I, 8, 1256a39). En ce sens, « une telle acquisition est donnée par la nature (τῆς φύσεως) elle-même » (*Pol.* I, 8, 1256b8), la « nature » désignant ici non pas tant l'origine des ressources, que le fait qu'elles soient mises spontanément à disposition en vue de satisfaire une finalité inhérente au vivant. C'est pourquoi il existe « une espèce de l'art d'acquérir *selon la nature* (κατὰ φύσιν), qui est une partie de l'administration de l'*oikos* » (*Pol.* I, 8, 1256b27 ; je souligne) : cet art consiste à se procurer les ressources mises par la nature à notre disposition. Les procédés techniques employés dans ce but – l'agriculture ou la chasse notamment – sont donc eux-mêmes appelés des « arts naturels d'acquisition » (φύσει κτητικῇ, *Pol.*

---

10   Voir Saunders 1995, p. 92-93.

I, 8, 1256b23)[11]. C'est là qu'Aristote introduit une première référence à la « véritable richesse » et à ses limites, battant en brèche une longue tradition que le « sage » Solon (fr. 13.71) aurait selon lui contribué à diffuser. Selon Aristote, « ce qui suffit quant à l'acquisition en vue d'une vie bonne n'est pas illimité » (*Pol.* I, 8, 1256b31-32 ; trad. Pellegrin modifiée). Quel est son argument ? Quoique succinct, son sens est clair : il consiste à rappeler à la fois le caractère purement instrumental de la richesse, et le caractère limité de tout instrument. En effet, « aucun de ces arts n'a d'instrument illimité (ὄργανον ἄπειρον), ni en nombre ni en grandeur, et la richesse, c'est un ensemble d'instruments (ὁ δὲ πλοῦτος ὀργάνων πλῆθὸς) utilisés dans les familles et les cités » (*Pol.* I, 8, 1256b34-36 ; trad. Pellegrin modifiée). Un art d'acquisition conforme à la nature fournit donc une acquisition ou une richesse nécessairement limitée – limite qui n'a rien de négatif mais qui, au contraire, correspond à ce que la richesse doit être pour être conforme à son concept.

À cette première sorte d'acquisition, Aristote en oppose une seconde qu'il nomme « chrématistique », dont l'origine se trouve dans le détournement du commerce en technique d'enrichissement : l'argent n'y sert plus de moyen d'échange mais de fin. Une telle chrématistique est ainsi tournée vers l'acquisition et la richesse sans limite (*Pol.* I, 9, 1256b40-41 ; même idée en 1257b24 ; et 1257b29), et non vers leur usage en tant que moyens. On ne peut entrer ici dans les difficultés de ce passage d'Aristote, qui tiennent à son usage parfois peu clair du terme « chrématistique[12] », mais les motifs qu'il oppose à cette chrématistique reconduisent à l'idée que l'administration de l'*oikos* suppose une limite dans ses moyens, sous la forme de la « richesse selon la nature » au sens défini plus haut.

QU'EST-CE QU'ÊTRE RICHE ?
ASPECTS SUBJECTIFS DE LA DÉFINITION DE LA RICHESSE

Les aspects objectifs du concept de richesse sont indissociables d'une approche de ses aspects subjectifs dans le *logos oikonomikos* chez la plupart des auteurs – le Pseudo-Aristote étant l'exception qui confirme la règle. Par aspects subjectifs, on n'entend pas l'idée que, pour ces philosophes,

---

11   Aristote prend aussi l'exemple – pour le moins polémique – de l'art de la guerre qui « en un sens, est un art naturel d'acquisition », quand il vise à soumettre « ceux qui sont nés pour être commandés mais n'y consentent pas », *Pol.* I, 8, 1256b23-26.

12   Sur ces difficultés : Natali 1990 ; Tabosa 2016.

les agents économiques se livreraient à une appréciation purement individuelle et relative de ce que signifie être riche, mais le fait que ces philosophes examinent la façon dont la disposition éthique des sujets de l'acquisition intervient dans leur appréciation de la richesse, c'est-à-dire dans la façon dont ils estiment qu'il est de sa nature d'être limitée ou illimitée. Deux approches principales se dessinent : l'une identifie l'erreur de jugement à l'origine de l'idée que la richesse est par nature illimitée ; l'autre, plus courante, porte sur la façon dont les sujets de l'économie domestique exercent ou non un contrôle sur leurs appétits.

Aristote est le meilleur représentant de la première approche. Après avoir montré que la richesse est en soi limitée, il s'interroge sur les raisons pour lesquelles « nous voyons d'ordinaire le contraire se produire dans les faits, car tous ceux qui pratiquent la chrématistique augmentent sans limite leur quantité d'argent » (*Pol.* I, 9, 1257b34 ; trad. Pellegrin modifiée). La cause de ce phénomène est imputable selon lui à la proximité objective des deux formes ou deux pratiques de la chrématistique en ce qui concerne l'usage des biens qu'elles acquièrent. D'un côté, on en use en vue « d'une autre fin » (τῆς μὲν ἕτερον τέλος, *Pol.* I, 9, 1257b37-38) – soit comme un moyen d'une série d'actions elles-mêmes orientées vers cette fin ultime qu'est le bonheur (*Éth. Nic.* I, 1-4, 1094a1-1095a21) ; de l'autre, on en use « en vue de l'accroissement » (τῆς δ' ἡ αὔξησις, *Pol.* I, 9, 1257b38) dès lors assimilé au bien suprême lui-même. Cette proximité objective des deux pratiques ou des deux formes de la chrématistique, qui conduit à confondre le moyen et la fin, est selon Aristote difficile à démêler en raison de deux motifs subjectifs. Le premier est l'effort que l'on fait pour vivre plutôt que pour bien vivre (c'est-à-dire être heureux), effort qui s'enracine dans un désir de vivre illimité et qui conduit à chercher des moyens eux aussi illimités. Le statut de cette confusion n'est pas clairement établi dans le texte. Comme le montre la diversité des traductions, il est difficile de savoir si par « désir illimité de vivre », Aristote songe à une constante anthropologique universelle, qui serait liée par exemple à « la tendance naturelle à laisser après soi un autre être semblable à soi » (*Pol.* I, 2, 1252a29-30), ou s'il songe plutôt à un groupe humain spécifique, que caractériserait un défaut éthique de différenciation entre vivre et bien vivre[13]. Le second motif subjectif de

---

13 Traduisent dans le sens d'une constante universelle : Pellegrin 1993 et Saunders 1995 ; dans le sens d'un phénomène spécifique : Rackham 1932.

confusion entre les deux formes ou les deux pratiques de la chrématistique est beaucoup plus commun : il concerne le groupe de ceux qui
donnent aux jouissances corporelles trop de place dans leur recherche
du bonheur (*Pol.* I, 10, 1258a3)[14]. Or la jouissance consistant dans un
excès (*Pol.* I, 10, 1258a6-7), qui est un mode de l'illimité, ils cherchent
à acquérir des moyens eux-mêmes illimités.

Aristote ne va pas plus loin dans l'étude des motifs subjectifs concernant
le sens de la richesse : il s'arrête à la frontière du savoir *oikonomique* et
de son articulation avec la politique et l'éthique. Ce partage des savoirs
et la délimitation de leurs frontières[15], qui lui valurent d'être crédité
d'un début d'analyse scientifique des phénomènes économiques[16], lui
sont propres. Chez Xénophon ou chez d'autres en effet, l'approche du
versant subjectif de la richesse se concentre sur le contrôle ou le manque
de contrôle exercé par les individus sur leurs appétits – raison pour
laquelle on a pu dire de ces textes grecs sur l'*oikonomia* qu'ils sont des
textes d'éthique[17]. Cette approche peut être très générale ou détaillée.
Elle est générale quand elle se contente d'indiquer la ou les vertus
requises pour comprendre que la richesse est ou doit être limitée, et
pour adopter la conduite correspondante. C'est le cas de Platon et de
Philodème qui, malgré les différences théoriques les séparant, accordent
tous deux à la tempérance un rôle central en ce sens. Si le premier peut
proposer une échelle de richesse allant de 1 à 4 ou 5 dans la cité des *Lois*,
c'est parce que ses citoyens auront été sélectionnés pour leur tempérance
(σώφρονας, *Lois* V, 737d), et qu'ils seront dès lors incités à « s'enrichir
avec justice et modération » (*Lois* IX, 870b6-c2). De même Philodème
reproche à Théophraste – ou au Pseudo-Aristote – d'encourager la
cupidité dans les activités économiques domestiques (φιλοχρημάτου,
Des Vices IX, XI, 3-8), et expose en quoi consiste l'*oikonomia* pour un
homme « tempérant » (σώφρων, *Des Vices* IX, XV, 46), qui sait qu'un
régime humble « pourvoit aux besoin de la nature, même s'il incline
volontiers, de préférence, vers le régime plus opulent » (*Des Vices* IX,
XVI, 3-6). Cet homme sera le plus à même de présenter les dispositions
éthiques subjectives nécessaires pour « se couper dans toute la mesure

---

14   Sur l'intempérance liée aux jouissances physiques, voir *Éth. Nic.* VII, 4, 1148a5 *sq.*
15   Adkins 1984 ; Vergnières 1995.
16   Schumpeter [1912] 1954, p. 93.
17   Finley 1974, p. 18 à propos de l'*Économique* de Xénophon.

du possible, du désir de ce qui n'est pas à désirer et de la peur de ce qui n'est pas à redouter, [et être ainsi] à même de se procurer un revenu et de le sauvegarder de la manière qui convient » (*Des Vices* IX, XXIV, 6-11). On ne saurait marquer plus directement le lien étroit qui unit la disposition éthique individuelle et ses implications *oikonomiques* quant à l'acquisition des biens et de la richesse.

L'approche du versant subjectif de la richesse est plus détaillée dans l'*Économique* de Xénophon, qui la développe à l'occasion de l'interrogation suivante : être riche, est-ce ne manquer de rien, c'est-à-dire avoir le nécessaire ? Ou est-ce avoir plus que le nécessaire ? Contrairement à l'opinion largement partagée qui penche pour la seconde réponse, le dialogue entre Critobule et Socrate montre que la richesse consiste moins en la surabondance d'avoir matériel que dans le fait d'avoir ce dont on a besoin. Rappelons le contexte. Après avoir défini l'*oikonomia* comme l'art de faire croître son *oikos* (*Écon.* I, 4 ; 16), et après avoir défini les biens comme tout ce dont l'usage est utile pour celui qui l'emploie (*Écon.* I, 8-15), les deux interlocuteurs entrent sur le terrain moral (*Écon.* I, 16-23). Certains, constatent-ils, ont toutes les capacités pour bien administrer leur *oikos*, et sont pourtant incapables de le faire parce qu'ils sont soumis à leurs plaisirs, qu'ils soient esclaves de « la paresse, de la mollesse d'âme, de l'insouciance », ou d'appétits tyranniques et avides causant la ruine de leur maison (*Écon.* I, 19-22). Socrate s'emploie alors à dessiller Critobule, qui s'estime libre de tels vices (*Écon.* II, 1), en abordant la question de la définition de la richesse. Il soutient paradoxalement que, même si l'avoir matériel de Critobule est bien plus important que le sien, il n'en est pas moins plus riche que lui :

> Socrate – C'est que, dit-il, ce que j'ai suffit à me procurer ce qui est assez pour moi ; mais étant donné ton mode de vie et ta réputation, on aurait beau ajouter à ce que tu possèdes trois fois autant, je ne crois pas que cela te suffirait. [...] D'abord, je te vois obligé à offrir souvent de grands sacrifices [...] ; ensuite il te sied de recevoir beaucoup d'hôtes étrangers, et non sans magnificence ; enfin il te faut offrir à dîner à tes concitoyens et être leur bienfaiteur [...]. De plus j'observe que la cité t'impose dès maintenant de lourdes dépenses [...]. Je vois que tu te crois riche, que tu te désintéresses de gagner de l'argent, que tu ne penses qu'à des histoires de jeunes gens. (*Économique* II, 1-7 ; trad. Chantraine modifiée)

L'approche morale de Socrate n'est en aucun cas moralisante. Contrairement à ce qu'on a pu dire, le philosophe ne fait pas ici l'éloge de la pauvreté contre la richesse, et ne se déclare pas pauvre lui-même[18]. Il n'invite pas Critobule à renoncer à la richesse que vise tout bon *oikonomos*, il l'incite au contraire à se donner les moyens de l'obtenir. Car le principal défaut de Critobule est son incohérence : il se croit riche, alors qu'il est pauvre sous l'effet conjugué des lourdes contributions financières et matérielles qui pèsent sur les riches citoyens, et de son insouciance dans la gestion de son *oikos*. Socrate ne critique aucunement les obligations sociales qu'une telle activité implique, ni la recherche de la richesse qui en est le moyen : il s'en prend bien plutôt à l'inconséquence de son interlocuteur. Ce qui rend possible la comparaison entre la richesse de Socrate et la pauvreté de Critobule est le critère de la richesse que le premier oppose au second : ce critère ne consiste pas en la quantité d'avoir matériel disponible, comme le croit Critobule, mais dans le fait que ce qu'on a suffit à nos besoins. Au contraire, comme l'expliquera Ischomaque à sa femme, en parfaite cohérence avec ce que vient de dire Socrate à Critobule, « la pauvreté consiste clairement à ne pas avoir à sa disposition ce dont on a besoin » (*Écon.* VIII, 2). Les besoins de Critobule sont objectivement importants en raison de son « mode de vie et de sa réputation », mais ce qu'il a n'y suffit pas en raison de son laisser-aller. C'est donc à remédier à cette inconséquence morale de Critobule que s'emploie Socrate dans la seconde partie de l'*Économique*, en lui présentant en la personne d'Ischomaque le modèle d'un bon *oikonomos*, ni insouciant ni avide parce qu'il fait preuve de maîtrise de soi (ἐγκράτεια, *Écon.* VII, 27 ; IX, 11).

Ce cadre posé, reste à déterminer quelles sont les activités les plus adéquates pour acquérir.

---

18   Contrairement à ce que soutiennent respectivement Desmond 2006, p. 57, et Strauss 1998 [1970], p. 103.

QUELLES ACTIVITÉS POUR ACQUÉRIR ?

UNE QUESTION POLÉMIQUE

La liste des activités d'acquisition présentées dans le *logos oikonomikos* est assez simple à dresser : il s'agit principalement de l'agriculture, du commerce au sens large et, plus rarement, de mécanismes financiers ou de l'exercice même de la philosophie. Cette liste n'a toutefois de sens philosophique qu'en raison du débat, explicite ou non, qui vaut à l'une ou à l'autre de ces activités d'être désignée comme l'activité acquisitive privilégiée. Dans le bref passage suivant, Philodème de Gadara offre un bon exemple du caractère polémique de ce sujet :

> Il est tout à fait ridicule [...] de tenir pour beau « de tirer un revenu de l'art équestre » ; « en tirer un de l'exploitation minière » grâce au travail d'esclaves n'est pas un sort enviable ; quant à « en tirer un des deux sources à la fois en travaillant soi-même », c'est de la folie ! Mais s'il est très dur aussi de tirer soi-même un revenu en cultivant soi-même la terre au point de la travailler se ses propres mains, faire cultiver par d'autres la terre dont on est le propriétaire convient à un homme vertueux [...]. Mais [...] la première et la plus noble des sources de revenus, est, en l'échange d'entretiens philosophiques [...] de se voir gratifier en retour de présents fort agréables, comme cela a été le cas pour Épicure [...]. (*Des Vices* IX, XXIII, 1-29)

L'art équestre est une allusion à un passage de l'*Économique* de Xénophon (III, 8), que Philodème interprète comme si ce dernier formulait là une thèse économique alors qu'il ne s'agit que d'une analogie méthodologique placée dans la bouche de Socrate. L'exploitation minière fait référence à l'*Économique* du Pseudo-Aristote (I, 2, 1343a27), dans un passage où ce dernier dresse la liste des activités acquisitives envisageables. Quant à l'agriculture – plus précisément l'administration des tâches agricoles confiées à des esclaves – elle est centrale dans ces deux traités que critique Philodème, et elle devait sans doute avoir la faveur des riches propriétaires romains auquel il s'adressait. Philodème en conteste néanmoins la prééminence à la fin du passage, et contribue à entretenir ainsi la dimension polémique du sujet.

C'est toutefois entre l'agriculture et le commerce que le débat est le plus vif, et ce depuis Hésiode. Dans les conseils qu'il adresse à son frère Persès dans *Les Travaux et les Jours*, le poète donne à l'agriculture la primauté sur le commerce par voie maritime sans toutefois le prohiber. La raison en est qu'à ses yeux, les expéditions commerciales étant lucratives mais dangereuses, elles témoignent clairement d'un appétit de richesse démesuré chez celui qui les entreprend et y investit tout ses biens au lieu d'avoir la prudence de n'y consacrer qu'une partie : « mais les hommes mortels pratiquent [la navigation] par insouciance ; hommes de vie misérable, l'argent, voilà toute leur âme » (684-686 ; voir plus largement 684-690)[19].

Les *Lois* de Platon présentent un débat analogue, non plus à l'échelle domestique mais à l'échelle de la cité, pour des raisons morales et, surtout, politiques. Comment la colonie de Cnossos, que le Crétois Clinias a pour mission de fonder, se procurera-t-elle le nécessaire ? Dans le portrait qu'il en brosse, l'Athénien met en balance, d'un côté, le commerce avec l'extérieur, à l'égard duquel il exprime de fortes réserves notamment parce qu'il met en péril la valeur morale de la cité, et de l'autre, la capacité de la cité à tout produire par elle-même, en particulier grâce à l'agriculture :

> Pour un territoire, la proximité de la mer [...] est un « voisinage bien saumâtre ». Car en le remplissant de négoce et de business par la vente au détail, et en implantant dans les âmes des mœurs instables et non fiables, cette proximité fait que la cité manque de confiance et d'amitié envers elle-même, et envers les autres hommes. [...] On peut certes trouver une consolation dans le fait que le territoire produit de tout, même si le fait d'être accidenté l'empêche évidemment de produire à la fois de tout et en grande quantité. Car si la cité pouvait faire cela en même temps, elle exporterait beaucoup, et emplirait ses coffres de monnaie d'argent et d'or ; et [...] c'est là ce qui engendre [...] la pire des calamités pour une cité devant acquérir des mœurs nobles et justes. (*Lois* IV, 705a-b)

Ce passage contribue au débat sur le choix de l'activité acquisitive la plus pertinente, en présentant une hypothèse et ses conséquences : les effets moraux et politiques négatifs que le commerce avec l'extérieur aurait sur une cité dont il serait la principale ressource économique. Les effets moraux, tout d'abord, tiendraient au caractère pervers ou mauvais que le commerce insufflerait aux mœurs, parce qu'il se prête particulièrement bien à la tromperie et est souvent associé à l'illusion[20] – ce qui ne signifie pas qu'il les implique toujours ni qu'elles sont toujours

---

19 Sur la valeur sociale du commerce chez Hésiode : Bravo 1984.
20 Hérodote, *Histoires* I, 153. Et Kurke 1989, p. 540 à propos de Théognis.

intentionnelles[21]. Ce risque de tromperie, inhérent au commerce et aiguisé, comme pour Hésiode, par l'universel appât du gain, introduit dans les âmes des mœurs instables et par là peu fiables, ce qui se traduit par des pratiques commerciales douteuses, comme vendre une même marchandise à deux prix différents le même jour, vendre des produits falsifiés, et faire l'éloge de sa marchandise[22]. Quant aux effets politiques négatifs d'une *oikonomia* civique principalement commerciale, ils consisteraient en un manque d'unité des mœurs, la bigarrure faisant écho au portrait de la démocratie dans la *République* (VIII, 557c ; 558c), régime de la multiplicité plutôt que de l'unité : chacun y mène la vie qu'il souhaite, sans souci d'aucune valeur commune. Une économie principalement marchande affecterait donc l'unité de la *polis* en la privant de cette amitié (*philia*) et de cette confiance indispensables pour souder les citoyens entre eux[23]. Cette cité ne serait plus une, ce serait un agrégat d'individus se méfiant les uns des autres, et ce sentiment se tournerait aussi contre « le reste des hommes », c'est-à-dire les étrangers – le commerce étant souvent lié à la guerre chez les Grecs en général, et chez Platon en particulier[24].

La cité des *Lois* aura cependant de grandes chances d'échapper à ces travers si la politique qui s'y exerce sait profiter d'un double heureux hasard géographique concernant son territoire. D'une part, il produit de tout (τὸ πάμφορος, *Lois* IV, 704d ; 705b), ce qui peut lui permettre d'éviter d'importer massivement et de mettre en péril l'indépendance de la cité – Platon paraissant entrer ici en débat avec le Périclès de Thucydide, qui valorise la politique commerciale athénienne, pourtant tributaire des importations (*Histoire de la Guerre du Péloponnèse* II, 38, 2)[25]. Ce facteur géographique pourrait néanmoins devenir un danger s'il n'était, d'autre part, limité quantitativement : car couplée à l'abondance (πολύφορός, *Lois* IV, 705b), une telle diversité risquerait d'alimenter un appétit de richesse dont, l'Athénien l'a montré, il ne sort en général rien de bon, ni à l'intérieur de la cité ni dans ses rapports avec les autres cités (*Lois* III, 695e-696b). Mais fort heureusement, la production de ce territoire n'atteint pas de grandes quantités – ce qui, tout en suffisant au nécessaire, empêche de grandes exportations alimentées par l'appât insatiable du gain.

---

21 *Protagoras* 313c-d.
22 *Lois* XI, 917b-d. Voir Helmer 2018.
23 *Rép.* III, 386a ; *Lois* VIII, 836e-837a.
24 Voir Thucydide, *Histoire de la guerre du Péloponnèse* I, 6-17 ; et Garlan 1978.
25 Garnsey 1996.

On le voit, la vigueur du débat concernant le choix des activités d'acquisition tient à ce qu'elles engagent les conduites individuelles aussi bien que les « politiques économiques » des cités. De manière générale, la ligne de partage passe entre ceux qui accordent la primauté à l'agriculture et ceux qui, moins nombreux, lui préfèrent d'autres activités. Examinons ces deux points.

LA PRÉÉMINENCE DE L'AGRICULTURE : ENTRE MÉTAPHYSIQUE, RELIGION, ÉTHIQUE ET POLITIQUE

Dans ce contexte polémique, l'agriculture est souvent présentée comme l'art d'acquisition le plus approprié, non seulement en ce qui concerne l'*oikos* (Xénophon, *Écon.* V, 1-20 ; et VI, 5-11 ; Pseudo-Aristote, *Écon.* I, 2, 1343a25-b2) mais aussi la cité (Platon, *Lois* V, 737e et 745c-d notamment). Les arguments qui la soutiennent sont de trois sortes : métaphysiques, éthico-religieux et, surtout, politiques.

L'argument métaphysique est propre à Aristote : en accord avec la téléologie qui caractérise toute sa philosophie, la nature met à disposition des hommes les moyens de se nourrir eux-mêmes (αὐτόφυτον, *Pol.* I, 8, 1256a41) sans qu'ils aient besoin le plus souvent de recourir au troc ou au commerce. Or parmi ces moyens, les principaux sont les fruits tirés directement de la terre ou issus de la culture (*Pol.* I, 8, 1256a38-39). Viennent ensuite les modes de vie « des nomades, des brigands, des chasseurs, des pêcheurs, des chasseurs [...] », avec les divers modes d'alimentation qui leur correspondent. Aristote note que ces modes de vie peuvent se combiner (*Pol.* I, 8, 1256b1-7) pour garantir l'autarcie des groupes humains, qui est leur finalité ou leur horizon naturel (*Pol.* I, 2, 1252b28-29). L'argument métaphysique d'Aristote se propose donc de rendre raison à la fois de la réalité économique de la Grèce, fondée principalement sur l'agriculture, et de la diversité des pratiques acquisitives observables. Le Pseudo-Aristote convoque un argument similaire en rappelant que « selon la nature (κατὰ φύσιν), l'agriculture est première » en tant qu'art d'acquisition, devant « l'exploitation des mines et les activités du même genre » (*Écon.* I, 2, 1343a25-27) – « selon la nature », c'est-à-dire en accord avec l'idée que tout être reçoit sa nourriture de sa mère, et que la terre est, selon une métaphore courante, la « mère nourricière » des hommes (*Écon.* I, 2, 1343a31-b2)[26].

---

26 Voir les références poétiques à la « *Gaia kourotrophe* » données par Vilatte 1991, p. 19.

Des considérations éthiques et religieuses justifient aussi la prééminence de l'agriculture. C'est le cas chez Xénophon, ainsi que chez le Pseudo-Aristote qui, à l'évidence, s'inspire de lui sur ce point. Selon Ischomaque, en effet, outre le lien lâche qui l'unit au religieux en ce qu'elle produit « tout ce qui sert à parer les autels et les statues des dieux » (*Écon.* V, 3), l'agriculture doit son caractère sacré au fait que « la terre, étant une divinité, enseigne aussi la justice » (*Écon.* V, 12) – idée qu'on retrouve en ces termes chez le Pseudo-Aristote : « l'agriculture [est] conforme à la justice » (*Écon.* I, 2, 1343a28). Comment comprendre que l'agriculture ait quelque chose à voir avec la justice ? Et en quoi consiste cette justice dont elle serait la manifestation ou l'expression ? La définition de cette valeur, précisée immédiatement après par Xénophon, se fonde sur l'idée de réciprocité : la terre paye de retour les efforts déployés pour la travailler. Ainsi, comme l'explique Socrate à Critobule, « en échange des services qu'ils reçoivent de l'agriculture, chiens et chevaux de leur côté rendent service à la ferme (ἀντωφελοῦσι) » (*Écon.* V, 6). De même, « quel art paie mieux de retour (ἀντιχαρίζεται) ceux qui le pratiquent ? » (*Écon.* V, 8) si ce n'est l'agriculture, idée qui figure aussi dans la *Cyropédie* (VIII, 3, 38) : « Un lopin de terre respecte plus que tout la justice (δικαιότατον) : il rend bien et justement (καλῶς καὶ δικαίως ἀπεδίδου) la semence qu'il a reçue. » En résumé, « c'est à ceux qui lui témoignent le plus d'égards que la terre accorde en échange (ἀντιποιεῖ) le plus de biens » (*Écon.* V, 12).

La valeur éthique de l'agriculture, qui contribue à faire d'elle l'activité *oikonomique* privilégiée, tient aussi au fait qu'elle est une école de vie pour l'homme libre (*Écon.* V, 1) : elle forme son caractère et son corps, et fait de lui un homme véritable (ἀνδρίζει, *Écon.* V, 4) – idée reprise aussi par le Pseudo-Aristote (ἀνδρίαν, *Écon.* I, 2, 1343b2). De là sa signification politique, au nom d'une conception militaire du pouvoir qui, pour Xénophon notamment, s'applique tout autant dans la *polis* que dans le secteur agricole de l'*oikos* : en formant à la liberté et au courage, l'agriculture forme aussi aux aptitudes permettant d'assurer la défense du territoire que l'homme libre cultive et qui est celui-là même de sa cité (Xénophon, *Écon.* V, 5 et 7 ; *idem* chez Pseudo-Aristote, *Écon.* I, 2, 1343b2-6) – on l'a vu plus haut[27]. De manière générale, que

---

27 Voir p. 55.

le pouvoir politique soit conçu comme semblable au commandement militaire ou non – c'est une spécificité de Xénophon dans notre corpus –, l'importance politique de l'agriculture tient globalement, on le voit, à ce qu'elle scelle l'alliance d'une communauté humaine et de son territoire. Dans les *Lois*, Platon fonde cette alliance sur l'institution du *klêros* ou lot agricole inaliénable confié à l'entretien obligatoire de chaque citoyen et de sa famille, l'agriculture étant leur seule source de richesse et d'approvisionnement, pour eux comme pour la cité elle-même (*Lois* V, 743d ; VIII, 842c ; XII, 949d). Outre qu'il permet d'assurer autant que possible l'indépendance économique de la cité et sa valeur morale en faisant de l'agriculture la première ressource du pays, et en réduisant simultanément la part des échanges commerciaux avec l'extérieur, le *klêros* et l'agriculture qu'il implique permettent de faire que le citoyen appartienne à sa cité, et non l'inverse (*Lois* XI, 923a-c).

L'AGRICULTURE : UNE ACTIVITÉ PARMI D'AUTRES,
UNE ACTIVITÉ SECONDAIRE

Certains remettent néanmoins en question la prééminence de l'agriculture comme activité acquisitive : ou bien ils ne la considèrent que comme un art acquisitif parmi d'autres, dont la pertinence est limitée à certains contextes, ou bien ils la relèguent au second plan au profit d'autres arts.

Tandis que Platon, on l'a vu, fait de l'agriculture le moyen principal pour la cité d'acquérir le nécessaire, d'autres la complètent par des activités distinctes. Ce sont les moyens (πόροι) de se procurer des revenus (προσόδους, Xénophon, *Revenus* I, 2) ou de l'argent (πόρον χρημάτων, Pseudo-Aristote, *Écon.* II, 1, 1346a27) qui sont alors la grande affaire. La finalité de ces revenus peut être de pallier le manque général d'argent public – c'est un leitmotiv du Livre II de l'*Économique* du Pseudo-Aristote –, de sortir de situations critiques collectives comme la pauvreté (τῇ τε πενίᾳ […], Xénophon, *Revenus* I, 1) ou la disette (Κλαζομένιοι δ᾽ ἐν σιτοδείᾳ ὄντες […], Pseudo-Aristote, *Écon.* II, 2, 1348b17-18), ou encore de faire face à des dépenses sectorielles plus spécifiques, notamment celles qui touchent à la guerre ou à la solde des militaires ou des mercenaires, comme c'est le cas chez le Pseudo-Aristote (*Écon.* II, 2, 1347a18-19 ; II, 2, 1348b22-23). L'intérêt de ces passages tient notamment aux diverses formes de rationalité qu'ils évoquent pour acquérir ces revenus ou cet argent. Ce sont la ruse ou l'astuce qui dominent dans les anecdotes rapportées par le Pseudo-Aristote, où il s'agit toujours pour les personnages politiques cités de trouver des solutions à des difficultés ponctuelles. Ils exploitent souvent pour cela des mécanismes psychologiques fondés sur la peur, la piété ou le souci de leur intérêt propre chez ceux dont il s'agit d'obtenir de l'argent. Il arrive qu'ils imposent des mesures sans appel, comme les Mendéens qui, pour faire face aux dépenses de guerre, décident que les particuliers doivent limiter à deux le nombre de leurs esclaves, afin que l'État vende les esclaves en surplus et que les particuliers lui prêtent la somme acquise par cette vente (*Écon.* II, 2, 1350a6-15). Il arrive aussi qu'ils recourent au cynisme ou au sacrilège pour préserver un pouvoir assis sur des ressources financières. Ainsi Évaésès le Syrien, satrape d'Égypte, fit pendre tous les nomarques qui voulaient échapper à son autorité, mais envoya dire à leurs familles qu'ils étaient en prison ; ces derniers, voulant les racheter, envoyèrent une somme d'argent fixée par Évaésès qui, en échange, leur remit leurs cadavres (*Écon.* II, 2, 1352a9-15). Denys de Syracuse, lui, n'hésite pas à « dépouiller les statues de leurs ornements d'or en promettant de leur en donner de plus légers et de plus parfumés » (*Écon.* II, 2, 1353b23-26). L'*Économique* du Pseudo-Aristote se signale ainsi par un fort décalage – dont le sens reste à interpréter – entre la description des activités financières dans le domaine politique, d'où toute considération éthique semble exclue, et la gestion des ressources domestiques où la justice est présentée comme un élément important, notamment dans le cadre des relations entre le maître et ses esclaves, ainsi qu'entre les époux. Loin de tout esprit de ruse, les *Revenus* de Xénophon, eux, proposent un plan d'action de grande envergure pour procurer des ressources à la cité et garantir la paix entre les cités grecques[28]. Il s'agit là non d'expédients mais de ce qui s'apparente à une politique économique commerciale et industrielle, fondée sur la double proposition d'incitations commerciales à destination des étrangers pour qu'ils viennent faire du négoce à Athènes – négoce qui fera l'objet de taxes –, et d'un projet d'exploitation publique des mines du Laurion par une main d'œuvre servile. L'acquisition économique est donc ici articulée à un projet politique global, antithétique de celui que préconise Platon dans les *Lois*.

---

28   Pour une étude d'ensemble de ce texte de Xénophon : Gauthier 1976 ; Schorn 2012.

Philodème de Gadara est un bon exemple du cas suivant, qui met l'agriculture au second plan. Dans le passage cité plus haut, il lui préfère l'échange philosophique, sur le modèle de ce qu'aurait pratiqué Épicure, et lui ajoute immédiatement après la discipline des désirs et des craintes, qui assure également la conservation (τήρησις) de ce qu'on possède déjà (*Des Vices* IX, XXIII, 22-43). Comment justifier une telle recommandation ? Elle tient principalement à deux choses. D'une part, à l'idée que la nature de la technique acquisitive est logiquement secondaire par rapport à la capacité éthique qu'a l'individu de ramener autant que possible ses appétits aux nécessaires et naturels. Sans cette capacité, aucune pratique acquisitive ne peut par elle-même contribuer au plaisir – entendu comme absence de perturbations de l'âme et de douleur pour le corps – qui définit le souverain bien épicurien. C'est en ce sens qu'on peut comprendre ces conseils attribués à Épicure : « [Le sage] s'occupera de son acquisition et de l'avenir [...] (κτήσεως προνοήσεσθαι καὶ τοῦ μέλλοντος). Il gagnera de l'argent, mais seulement par sa sagesse, s'il est dans le besoin (χρηματιεῖσθαί τε, ἀλλ᾽ ἀπὸ μόνης σοφίας, ἀπορήσαντα) » (D.L. X, 119-120a-121b). La réserve « s'il est dans le besoin » est à entendre moins directement comme un manque d'argent que comme le risque de perturbations et de douleur qu'un tel manque risque d'entraîner. La « sagesse » en question, quant à elle, peut évoquer aussi bien l'enseignement philosophique auquel Philodème fait allusion, que l'exercice d'une autre activité économique dès lors qu'elle est encadrée par la discipline des appétits et des craintes.

D'autre part, la recommandation de Philodème s'explique par l'importance de l'amitié dans l'épicurisme, vertu qui a son origine dans l'utilité (*Sentences Vaticanes* 23), et qui est indispensable à la sagesse (*Sentences Vaticanes* 28 ; *Maximes Capitales* XXVII). Or le souci de l'amitié détermine en partie l'*oikonomia* épicurienne. Ainsi en va-t-il dans le Jardin lui-même, dans lequel Épicure n'aurait pas souhaité la mise en commun des biens, à la différence des Pythagoriciens selon qui « entre amis tout est commun. Car un tel précepte ne peut revenir qu'à des gens méfiants, et s'ils sont méfiants, ils ne sont pas amis » (D.L. X, 11). Si les biens ne sont pas mis en commun, en revanche les ressources individuelles, à commencer par celles d'Épicure, sont mises au service des amis. Son testament en est un bon indice (D.L. X, 16-21), qui laisse à l'usage de ses disciples les plus proches, outre le Jardin lui-même, sa maison, et ses « revenus » (προσόδων, D.L. X, 18-19). D'où viennent ces revenus, en quoi consistent-ils et à quoi servent-ils ? Outre ceux qu'Épicure aurait peut-être tirés de son enseignement avant la fondation du Jardin (D.L. X, 4) – le témoignage nettement hostile cité par Diogène Laërce sur ce point est à prendre avec prudence – ces revenus désignent les contributions que le Jardin attendait de ses membres, en argent ou en nature : ils n'étaient peut-être pas obligatoires, mais avaient pour but de manifester l'amitié et de la mettre en œuvre[29]. Le Jardin semble avoir aussi bénéficié de dons, comme ceux qu'Épicure évoque dans les fragments d'une hypothétique *Lettre à sa mère* : « je vis très largement en tout grâce aux amis et à notre père, qui nous envoie continuellement de l'argent, et, depuis peu, par l'entremise de Cléon, qui nous a envoyé neuf mines » (Diogène d'Œnoanda, fr. 126)[30]. Tous ces revenus ont pour but de rendre possible la « vie ensemble » (συνδιαγωγὴν, D.L. X, 6) et le « philosopher ensemble » (τῶν συμφιλοσοφούντων ἡμῖν, D.L. X, 18) : ils ne sont pas mis en commun pour constituer un fonds où chacun serait libre de puiser, mais ils sont partagés (μεριζέσθωσαν, D.L. X, 18), c'est-à-dire employés et assignés selon les nécessités de chacun dans le Jardin, en vue d'assurer à l'amitié son rôle de transmission d'un modèle de sagesse. Certes, il est possible que des esclaves aient produit dans le Jardin fruits et légumes pour les repas en commun[31], mais cette présence technique de l'agriculture est pensée comme secondaire sur le plan économique, par rapport à l'idée que c'est une forme de sagesse individuelle – la discipline des appétits et des craintes – et une vertu collective – l'amitié – qui forment l'armature de l'acquisition.

Toutes les questions suscitées par l'acquisition relèvent fondamentalement de préoccupations éthiques et politiques qui, dans les discussions, prennent plus ou moins le pas sur le caractère proprement technique des activités acquisitives elles-mêmes. C'est avec les épicuriens que ce phénomène est le plus perceptible, puisque l'agriculture y acquiert un rôle logiquement secondaire en tant que pratique acquisitive, ce qui s'explique parfaitement par le rôle central qu'ils accordent au don et à

---

29   DeWitt 1936, p. 57-58 ; Schmid 1984, p. 72-74.
30   L'authenticité de cette citation est débattue : Smith 1993, p. 555-558. L'identité du « père » est elle aussi incertaine. Il s'agit sans doute d'un protecteur, peut-être Mithrès.
31   Farrington 1967, p. 12.

l'amitié dans l'*oikonomia*. Ils n'en restent pas moins fidèles à l'idée qu'il ne saurait y avoir d'*oikonomia* sans acquisition – le terme, on l'a vu, est présent chez eux. Ce sont sans doute les cyniques qui, ici comme sur d'autres sujets, poussent la réflexion à ses extrêmes limites : pour autant qu'ils participent du *logos oikonomikos*, l'acquisition cesse d'être pour eux une question pertinente puisque, leurs appétits étant réduits au minimum, ils se contentent en général de ce qu'ils trouvent ou de ce qu'on leur donne. En substituant la mendicité à l'acquisition et en la dissociant du parasitisme auquel elle est couramment associée, ils l'érigent en pratique de don en vue d'un monde vraiment commun, dans lequel le souci de l'acquisition trahit un désir d'appropriation violente – ce dont Alexandre le Grand est, pour Diogène, le plus parfait symbole[32].

Que les cyniques fassent bouger les lignes confirme indirectement le rôle primordial que le *logos oikonomikos* accorde à l'acquisition dans le versant matériel de l'*oikonomia*. Elle appelle à sa suite la conservation. Mais que faut-il entendre par là ?

---

32   Helmer 2017b, p. 69-70 ; et 2020.

CONSERVER

La conservation fait suite, logiquement, à l'acquisition. Cette opération est exprimée par les verbes *phulattein* ou *sôzein* et les mots de même famille. Ainsi, Philodème annonce le contenu de son ouvrage en indiquant qu'il examinera « l'attitude à adopter en matière d'acquisition et de conservation des biens » (περὶ χρημάτων κτήσεως τε καὶ φυλακῆς, *Des Vices* IX, XII, 8-9 ; 23-24 ; XXVIII, 3-4). Selon le Pseudo-Aristote, l'*oikonomos* ou intendant doit être capable d'acquérir et « de conserver (φυλάττειν) » (*Écon.* I, 6, 1344b22-25). Aristote et, chez Xénophon, Ischomaque, attribuent cette fonction aux femmes (τοῦ σώσοντος ταῦτα, *Écon.* VII, 21 ; φυλάττειν, VII, 25 ; φυλάττειν, *Pol.* III, 4, 1277b24-25), tandis qu'ils font de l'acquisition une fonction masculine. Quant à Platon, il évoque la conservation dans le *Politique* en faisant allusion à cette catégorie d'objets que sont les récipients, destinés à « la sauvegarde (σωτηρίας) de ce qui a été produit » (*Pol.* 287e4-5).

En quoi consiste donc la conservation des biens acquis ? Et est-il possible de donner à cette opération un sens qui dépasse son utilité immédiate ? Tous les passages concernés vont dans le même sens : conserver, c'est ranger et calculer. L'opération de rangement concerne l'organisation architecturale et, plus largement, l'organisation de l'espace, domestique ou civique, en vue d'assigner à chaque chose son lieu propre, à quoi s'ajoutent parfois des considérations médicales ou diététiques quand il s'agit de la conservation de ces biens humains que sont les esclaves. Le calcul consiste pour sa part à déterminer le juste rapport entre dépenses et acquisitions. Quant au *sens* de ces deux opérations constitutives de la conservation, il engage les différentes manifestations économiques du Bien : elles vont de la simple utilité et efficacité matérielle des choses, à l'harmonie esthétique et morale d'une multiplicité d'objets rassemblés en une unité cohérente – *oikos* ou *polis* – qui constitue dès lors un « cosmos », un ordre rationnel. Celui-ci est intelligible pour l'esprit, et s'offre à une activité pratique mobilisant l'excellence éthique des agents, et non simplement leur besoin ou leur intérêt immédiat.

RANGER

DE L'UTILITÉ DES BIENS DANS L'*OIKOS*

La conservation des biens humains et matériels procède principale-ment par l'agencement de l'espace économique, en vue de deux objectifs principaux. Le premier est de s'assurer de l'utilité des biens ainsi agencés ou rangés, c'est-à-dire de garantir qu'ils soient utilisables, donc utiles, au moment de s'en servir. Xénophon et le Pseudo-Aristote le montrent bien. Dans l'*Économique* du premier, Socrate et Critobule signalent leur préoccupation à ce sujet en opposant ceux qui, pour les avoir jetés en désordre (*Écon.* III, 3), ne savent pas si leurs outils sont utilisables, à ceux qui ont leurs ustensiles « toujours prêts » (*Écon.* III, 2) parce qu'ils sont « à leur place » (τοῖς δὲ ἐν χώρᾳ ἕκαστα τεταγμένα κεῖται, *Écon.* III, 3). Ce dont Socrate et Critobule concluent que le souci de l'ordre fait partie des « affaires économiques » (τῶν οἰκονομικῶν, *Écon.* III, 3), donc de l'art économique.

Déjà présente chez Hésiode à propos des céréales[1], cette importance accordée au rangement est élargie chez le Pseudo-Aristote à trois caté-gories d'objets – les fruits ou les vêtements, les personnes et l'outillage :

> Dans une maison, il faut prendre en compte les possessions qu'elle abrite, leur santé et leur bien-être. Pour les biens, il faut se demander par exemple quel type de bâtiment convient à la conservation 1) des fruits ou des vêtements ; distinguer aussi, pour les fruits, celui qui convient aux fruits secs ou char-nus ; etc. 2) pour les autres biens, doués d'une âme ou inanimés, serviles ou libres, femmes ou hommes, étrangers ou citadins. Pour favoriser le bien-être et la santé, la maison doit être bien aérée en été, bien ensoleillée en hiver. [...] 3) Pour que l'outillage soit prêt à l'emploi, la règle lacédémonienne : il faut en effet que chaque chose soit à sa place ; étant ainsi toujours prête, on ne la cherchera pas. (*Économique* I, 6, 1345a24-b3 ; trad. Wartelle modifiée)

Partant de la définition que les biens de l'*oikos* sont à la fois les choses (outils et denrées) et les êtres humains, le Pseudo-Aristote ramène ici le souci de leur préservation à une condition commune, celle de l'organisation spatiale de l'*oikos*, qui engage aussi bien son implantation architecturale

---

1 *Travaux et Jours* 597-608.

que son organisation intérieure. L'humidité comme la chaleur ou le froid excessifs peuvent abimer les denrées ou les vêtements, nuire à la santé des esclaves et des hommes libres, avec pour risque que tous ces biens deviennent inopérants. De même, le désordre des outils, c'est-à-dire le fait qu'ils ne soient pas rangés à une place fixe, les rend inutilisables, ou du moins menace leur utilité, faute de pouvoir les localiser au moment de s'en servir.

Le Pseudo-Aristote fournit peu de détails, on le voit, mais ce passage suffit à comprendre que la conservation de l'*oikos* dans son ensemble implique celle de ses parties, ce qui suppose de le ranger, de le mettre en ordre. Apparaît aussi déjà dans ces timides évocations architecturales l'idée, très marquée chez Xénophon et Platon, que l'*oikonomia* bien conduite implique non pas seulement de mettre en ordre un espace économique donné mais, on va le voir, d'envisager ledit espace en tant qu'ordre, en tant que cosmos.

ORDRE : BEAUTÉ ET INTELLIGIBILITÉ CHEZ XÉNOPHON, JUSTICE ET VÉRITÉ CHEZ PLATON

Le second objectif visé par l'agencement matériel de l'espace économique – *oikos* ou espace public de la cité – dans le cadre général de la conservation des biens, est en effet de le configurer en un certain ordre, de manière à lui donner un sens et d'en donner un également aux activités économiques qu'il accueille. Le Pseudo-Aristote l'indique furtivement lorsqu'il déclare que « les fonctions du maître de l'*oikos* sont au nombre de quatre : [...] acquérir, conserver, [...], *mettre ses biens en ordre* (κοσμητικὸν τῶν ὑπαρχόντων) et savoir s'en servir, car c'est en vue de ces deux activités que sont requises les précédentes » (*Écon.* I, 6, 1344b22-27) : la mise en ordre est ainsi présentée comme l'une des finalités de toute l'*oikonomia*. Et qu'un tel intérêt pour l'ordre résultant du rangement excède la simple fonctionnalité et revête une signification morale au sens large, c'est ce qu'indique une citation du *Lexique* de Hésychios rapportée par Démocrite : « Bien-être : bonheur, dérivant de "la maison est en bon ordre" » (<εὐεστώ>· εὐθηνία· ἀπὸ τοῦ <εὖ εἶναι>. καὶ εὐδαιμονία· ἀπὸ τοῦ εὖ <ἑστάναι> τὸν οἶκον, Diels-Kranz 68B140)[2]. Xénophon et Platon sont toutefois les deux auteurs les plus

---

2   Trad. A. Laks, G. Most 2016, p. 1041.

significatifs sur cette question : le premier fait de la beauté de l'espace
domestique correctement rangé le signe de son administration réussie ;
le second voit dans la disposition ordonnée des marchandises sur la
place du marché l'inscription de la vérité et de la justice dans la pierre
de la cité droite des *Lois*.

L'ordre joue un rôle primordial pour la bonne administration domestique dans l'*Économique* de Xénophon. Ce que l'entretien de Socrate et
Critobule rapporté plus haut présentait de façon très générale concernant
l'importance d'assigner une place déterminée à chaque outil, donne
lieu à un très ample développement dans la discussion ultérieure entre
Socrate et Ischomaque. Dans deux longues sections (*Écon.* VIII, 1-23
et IX, 1-10), ce dernier explique qu'il a vanté à son épouse les mérites
du rangement (τάξις), pour ce qu'il procure de beauté et d'utilité aux
hommes (εὔχρηστον […] καλὸν ἀνθρώποις, *Écon.* VIII, 3). Pour ce faire,
il a pris pour modèle l'ordre d'une armée, celui d'une trière et celui
de la culture de diverses céréales (*Écon.* VIII, 4-9), avant de développer
plus longuement l'exemple du navire phénicien : ses gréements et ses
marchandises sont si bien disposés, et le second du capitaine « savait si
bien […] l'emplacement de chaque objet que, même absent, il pouvait
dire leur place et leur nombre aussi bien qu'un homme qui connaît ses
lettres pourrait dire combien il y a de lettres dans le nom de Socrate et
quelle est la place de chacune » (*Écon.* VIII, 14-15).

Transposant à l'*oikos* le modèle de ce navire phénicien, Ischomaque
indique à sa femme que « tous les objets offrent un plus bel aspect
lorsqu'ils sont mis en ordre (κατὰ κόσμον κείμενα). C'est un chœur que
forment tous ces ustensiles, et l'espace qu'ils entourent est beau à voir
quand il est ainsi bien dégagé » (*Écon.* VIII, 20). Il lui indique alors
où ranger les divers articles et objets, en fonction de l'architecture de
la maison « dont les pièces sont construites et conçues pour cette fin
précisément de contenir le plus avantageusement possible (ὡς συμφο-
ρώτατα) ce que l'on doit y mettre » (*Écon.* IX, 2). On retrouve certes là,
comme chez le Pseudo-Aristote plus haut, le souci de la conservation
matérielle des diverses denrées, avec des considérations architecturales
très semblables et une visée utilitaire évidente : Ischomaque a fait
visiter à sa femme « les pièces, bien arrangées, où l'on se tient, fraîches
en été, chaudes en hiver […]. Toute la maison donne au midi : […]
l'hiver elle profite du soleil, l'été de l'ombre » (*Écon.* IX, 4). Mais cette

préoccupation utilitaire s'accompagne ici de deux autres dimensions : la beauté née de l'ordre et, comme la métaphore des lettres du nom de Socrate le suggère, l'intelligibilité que cette mise en ordre confère à la multiplicité matérielle constitutive de l'*oikos*. En effet, après la visite de la maison, Ischomaque range avec sa femme les divers objets « par espèces » (κατὰ φυλὰς διεκρίνομεν, *Écon.* IX, 6), dans le but d'assigner à chacune le lieu domestique qui lui convient. Ce rangement, qui sur le plan théorique est aussi une classification, procède par le croisement de plusieurs critères. Le critère fixe et premier de la fonction de ces divers types d'objets (instruments des sacrifices, parures, couvertures, chaussures, armes, outils du travail de la laine, ustensiles pour la fabrication du pain, pour la cuisine, pour le bain, *Écon.* IX, 6-7) se combine, selon les nécessités, avec d'autres critères. À commencer par celui du genre ou du sexe des usagers qui, appliqué aux vêtements, aux couvertures et aux parures, introduit, concernant ces dernières, une ramification supplémentaire dans la classification : les parures sont seulement de fête pour les femmes, alors qu'elles sont et de fête et de guerre pour les hommes (*Écon.* IX, 6). Le critère de la fréquence d'usage intervient également, entre ce qui sert tous les jours et ce qui ne sert que dans les occasions festives. Sur cette dernière distinction se greffe alors le critère de la différence hiérarchique dans le personnel servile, entre les esclaves ordinaires, qui n'auront accès qu'aux ustensiles du quotidien, et leur intendante, qui seule aura accès aux objets de fête (*Écon.* IX, 7 et 9). Enfin, est évoqué le critère du temps ou de la temporalité qu'on peut appeler « économique », qui consiste à disposer les biens « en mettant à part (χωρὶς δὲ καὶ) ce que l'on dépense mois par mois, et en séparant (δίχα δὲ καὶ) ce que l'on a calculé pour une année, pour qu'il nous échappe moins (ἧττον λανθάνει) comment les provisions iront jusqu'au bout » (*Écon.* IX, 8)[3]. L'interprétation littérale de cette dernière phrase est délicate, selon le sens qu'il convient de donner aux expressions « χωρὶς δὲ καὶ » et « δίχα δὲ καὶ ». Ischomaque veut-il dire qu'on réunit en un endroit la quantité de provisions requises pour un an, et qu'on répartit alors en tas séparés les quantités mensuelles ? Quoi qu'il en soit, la finalité en est claire : rendre visible dans l'espace l'évolution du rapport entre ce qui est déjà consommé et ce qui reste, bref, rendre visible la dimension éthique de

3   *Cf.* Platon, *Lois* VIII, 849b-c.

l'activité *oikonomique* en ce qu'elle engage le contrôle des appétits – on y reviendra plus bas.

Tous ces passages se présentent donc comme une sorte de dialectique platonicienne appliquée au sensible, une pratique de l'unification articulée d'une multiplicité matérielle. Ainsi agencé par le rangement en une unité cohérente, l'*oikos* forme dès lors un ordre tout à la fois social, technique et moral, rendu visible, lisible et intelligible pour tous ses agents. L'administration domestique ne se limite pas, on le voit, à la gestion du nécessaire : elle inscrit dans l'espace une sorte de grammaire du quotidien, une langue matérielle commune à tous les membres de l'*oikos*.

Cette langue « matérielle » a pourtant tout d'une langue « maternelle ». Entendons par là que, tel qu'Ischomaque le présente, l'ordre appelé par le souci de la conservation de l'*oikos* et de ses biens doit beaucoup à l'idéologie politique et économique de son temps, à la « langue » économique et politique qui a cours dans la cité : les principes organisateurs de cet *oikos* reflètent l'idée dominante qu'on se faisait à l'époque d'une maison bien administrée. Il faut se tourner vers Platon pour entendre une langue un peu plus étrangère sur le même sujet. Dans le cadre du déplacement qu'il fait subir au lieu central de l'*oikonomia*, de l'*oikos* vers la *polis*, ses réflexions sur l'organisation de la place du marché dans les *Lois* doivent elles aussi être mises au compte d'une préoccupation analogue concernant l'importance du rangement pour la conservation. Mais elles concernent cette fois non pas tant les biens eux-mêmes que les rapports de justice et de vérité entre les membres de la cité, et elles s'inscrivent dans le cadre plus général d'une réorganisation spatiale de la cité tout entière[4].

Pour comprendre la préoccupation de Platon concernant l'ordre spatial de la place du marché, rappelons que la cité juste des *Lois* que l'Athénien et ses interlocuteurs se proposent de fonder en paroles repose sur la stricte séparation des fonctions politiques et des fonctions économiques – même si les citoyens, sans y travailler directement eux-mêmes, doivent veiller à la bonne marche de leur exploitation agricole ou, pour reprendre le terme de l'Athénien, de leur « lot » (*klêros*). Cette séparation s'accompagne d'un geste de relégation fonctionnelle, géographique et

---

4   Voir Helmer 2017a et 2018.

morale du commerce, dont la pratique est vigoureusement prohibée pour les citoyens, parce qu'en risquant de susciter en eux l'appât du gain, elle risque d'être source de divisions et de conflits dans la cité[5]. Le commerce sera donc l'affaire des esclaves et des étrangers. Dans les lois qui régissent l'installation des marchés au sein de l'espace civique, cette relégation du commerce se traduit à deux niveaux.

Premièrement, la cité est organisée de telle sorte que les citoyens et les esclaves qui leur servent d'intendants agricoles et domestiques ne soient jamais en contact avec la vente de détail et ceux qui la pratiquent, que ce soit pour vendre ou pour acheter. L'espace commercial de cette *polis* est en effet fondé sur la séparation entre ce que les intendants qui administrent les lots vendent en gros aux étrangers, et ce que les étrangers vendent ensuite au détail aux artisans et à leurs esclaves, à quoi semblent correspondre respectivement deux sortes de places du marché. Il y a d'abord celles qui se situent dans chacun des douze villages qui composent la cité (*Lois* VIII, 848d). C'est là que, sous la surveillance des agoranomes chargés de surveiller ce qui touche à la « modération et à la démesure » (σωφροσύνης τε καὶ ὕβρεως, *Lois* VIII, 849a), les intendants vendent aux étrangers la part de la récolte qui leur est réservée, ainsi que d'autres produits. La vente au détail de ces produits étant interdite sur cette place (849c), les étrangers devront se rendre sur le second type de place du marché – dont l'emplacement exact n'est pas précisé – pour se livrer à ces transactions de détail avec les artisans de la cité et leurs esclaves. Animé d'un souci similaire d'organisation de l'espace civique, Aristote propose lui aussi d'établir deux agoras dans sa cité « idéale » : l'une, dite « libre », comme cela se pratique en Thessalie, sera destinée à l'éducation morale et politique des jeunes gens sous la conduite des magistrats de la cité. Elle doit « rester vierge de toute marchandise, et ni artisan, ni paysan ni personne de ce genre ne doit y pénétrer s'il n'a pas été convoqué par les magistrats ». L'autre, « l'agora des marchandises, doit être différente de celle-ci et séparée (χωρίς) » (*Pol.* VII, 12, 1331a30-b4). Contrairement à ce qui se pratiquait à Athènes et dans un grand nombre de cités grecques où l'agora concentrait tous les types d'activités – « administratives, politiques, judiciaires, commerciales, sociales, culturelles et religieuses[6] » – la séparation des espaces fonctionnels

---

5   Voir le chapitre « Acquérir », p. 133-135.
6   McK Camp II 2003, p. 4. Voir aussi Thompson 1993.

semble, pour Platon comme pour son disciple, être indispensable à l'organisation de la communauté politique.

Mais, deuxièmement, tandis qu'Aristote s'arrête à la séparation sommaire de deux agoras – « passer son temps à traiter maintenant de tels sujets avec précision ne mène à rien » écrit-il (*Pol.* VII, 12, 1331b18) –, Platon pousse plus loin son analyse de l'espace commercial. À l'exigence de séparation des fonctions économiques et politiques dans l'espace de la cité tout entière s'ajoute en effet chez lui un souci de transparence sur le lieu même de l'activité commerciale, à savoir la place du marché, sous la forme d'une exacte disposition des produits qui y sont proposés à la vente – comme cela a peut-être été le cas à Athènes[7] :

> Quant à tous les autres articles et tous les autres ustensiles dont chaque individu a besoin, on les vendra au marché commun, en les apportant chacun à l'emplacement (φέροντας εἰς τὸν τόπον ἕκαστον) voulu par les gardiens des lois et les intendants de la place publique qui, aidés par les intendants de la ville, auront marqué les endroits qui conviennent et délimité des emplacements pour chaque article à vendre (τεκμηράμενοι ἕδρας πρεπούσας, ὅρους θῶνται τῶν ὠνίων). (*Lois* VIII, 849e ; trad. Brisson et Pradeau modifiée)

Plus tard dans le dialogue, l'Athénien préconise également que « tout échange par achat ou par vente entre une personne et une autre se fera par livraison à la place assignée pour chaque article (ἐν χώρᾳ τῇ τεταγμένῃ) sur la place du marché » (*Lois* XI, 915d). Le fait d'assigner un lieu aux objets des transactions garantit une sorte de transparence dont la fonction est de lutter contre l'escroquerie, ce qui n'est pas étranger aux enjeux éthiques et politiques de confiance, de vérité et de justice que Platon place dans le commerce[8]. Là encore, l'espace économique – pensé ici au niveau de la cité – est conçu comme un ordre ou un cosmos dont le sens, dépassant les seuls enjeux pratiques ou utilitaires, est pleinement moral et politique. Cependant, à la différence de ce qu'on a observé chez Xénophon, l'intelligibilité de cet ordre chez Platon et les enjeux pratiques qui en découlent ne proviennent pas de la simple projection spatiale de préjugés idéologiques hérités de l'Athènes du Ve siècle : ils proviennent de la réflexion philosophique des interlocuteurs et de l'auteur des *Lois*.

---

7   Harris 2002.
8   Voir Johnstone 2011.

GÉRER

LE SOUCI DE L'ÉQUILIBRE ET DE LA PRÉSERVATION DU « CAPITAL »

La conservation de l'institution économique ne procède pas uniquement du rangement et de la mise en ordre de l'espace économique, domestique ou civique : elle procède aussi de la gestion ou du calcul du juste rapport entre les acquisitions et les dépenses. On entend ici par « gestion » ou « calcul » – terme qui ne figure pas dans les passages envisagés – non pas un décompte mathématique des entrées et des sorties, mais le fait de les comparer et d'agir en conséquence sur la base d'une évaluation qualitative – éthique ou politique – des besoins humains. Le caractère problématique de cette évaluation renvoie aux controverses, explicites ou tacites, concernant la question de savoir si la dépense mais plus encore l'acquisition des biens doit être limitée ou non – question dont, on l'a vu, traitent aussi bien Aristote, lorsqu'il distingue une chrématistique naturelle d'une chrématistique non-naturelle que Platon, lorsqu'il fixe des limites à la richesse des lots dans la cité des *Lois* et à l'extension de la cité dans la *République*, ou encore Xénophon lorsqu'il fait dire à Socrate puis à Ischomaque que la finalité de l'art économique est la croissance de l'*oikos*. Autrement dit, la définition de la bonne gestion engage toujours une certaine idée du Bien économique dans sa dimension éthique ou politique, et s'accompagne parfois de considérations techniques et matérielles sur la façon de rendre opératoire une telle gestion.

Tous les auteurs concernés partent du principe que dépenses et acquisitions doivent être équilibrées, ce que dit à sa façon la métaphore courante des jarres percées et des jarres en bon état (Xén. *Écon.* VII, 40 ; Pseudo-Aristote *Écon.* I, 6, 1344b23-25). La clé de voûte d'un tel équilibre est de ne pas entamer l'*oikos*, perçu comme fonds ou capital. Mais comment acquérir et dépenser pour éviter un tel travers ? Exception faite peut-être d'Aristippe de Cyrène, qui aurait calqué le mouvement de ses luxueuses dépenses sur la succession indéfinie des plaisirs impliquée par sa conception du présent comme succession d'instants (D.L. II, 66 ; 69 ; 75-77 ; et 81)[9],

9   Voir Teisserenc 2016. Exception très relative toutefois, puisque Aristippe aurait estimé
     aussi que la richesse n'est pas nécessaire au plaisir mais qu'elle lui est seulement utile :
     voir Lampe 2015, p. 73-74.

la solution passe par la nécessaire imposition d'une limite dans le rapport entre acquisitions et dépenses. Mais sur ce point, nos auteurs se séparent, selon qu'ils imposent une limite aux dépenses ou à l'acquisition, c'est-à-dire selon qu'ils font porter l'essentiel du poids de la conservation à l'un ou l'autre de ces deux gestes.

LA CONSERVATION PAR L'ACQUISITION : LA LIMITATION DES DÉPENSES

Un premier modèle de gestion consiste à faire porter le poids de la conservation sur l'acquisition, en la limitant mais en limitant surtout les dépenses. Entendons par là que la préoccupation est de ne pas entamer, ou le moins possible, le capital acquis et le plus souvent contenu dans certaines limites, ce qui implique de contenir aussi les dépenses. Il s'agit ainsi de se préserver de la tendance tyrannique à la dépense sans limite, telle que Platon en brosse le portrait, chez le simple particulier comme chez l'homme politique. Les appétits insatiables qui ont pris les commandes de son âme le conduisent en effet, pour les satisfaire, à dissiper tous ses biens et éventuellement ceux de ses proches ou de sa cité (*Rép.* IX, 573d-574d ; 577e). Il est alors capable d'aller jusqu'à entamer son capital en « faisant des emprunts et en opérant des retraits sur le fonds (littéralement : "en dépouillant l'*ousia*") (καὶ μετὰ τοῦτο δὴ δανεισμοὶ καὶ τῆς οὐσίας παραιρέσεις) » (*Rép.* IX, 573e). Le tyran ne (se) conserve pas, il (se) détruit – il est perpétuellement « dans le besoin » et « vraiment pauvre » (πενιχρὰν, *Rép.* IX, 578a ; πένης τῇ ἀληθείᾳ, *Rép.* IX, 579e)[10].

Limiter les dépenses pour ne pas entamer l'*oikos* signifie qu'elles devront se régler sur les revenus obtenus par l'exploitation de ses ressources, principalement agricoles. Certains témoignages indiquent à ce sujet une méthode singulière dont Périclès, selon Plutarque, offre l'exemple le plus clair dans ce passage déjà cité :

> Il se garda incorruptible vis-à-vis des richesses, non qu'il y fût tout à fait indifférent mais, pour éviter de perdre par négligence son patrimoine légitime, comme de s'impliquer, sans en avoir le loisir, dans beaucoup d'affaires et d'occupations, il mit en ordre l'économie domestique de la façon qu'il jugeait la plus facile et la plus exacte. Il faisait vendre d'un coup toutes ses

---

10   Voir aussi Xénophon, *Hiéron*, IV, 9.

récoltes annuelles, et ensuite acheter au marché chaque denrée nécessaire. […] Il faisait dès lors figure d'administrateur déplaisant aux yeux de ses fils adultes, chiche aux yeux de leurs femmes […]. Chez lui, nul superflu […] : toute dépense, toute rentrée était chiffrée et mesurée. (Plutarque, *Vie de Périclès* XVI, 3-5 ; trad. Loicq-Berger modifiée)

Pour certains historiens, ce passage signale l'invention d'une « *tekhnè oikonomikè* attique » consistant à vendre ses surplus au marché et à vivre sur les revenus ainsi produits, le marché étant alors employé comme instrument pour préserver le capital de l'*oikos* en lui offrant un débouché productif[11]. Une idée analogue apparaît chez le Pseudo-Aristote et chez Xénophon. Selon le premier,

> pour la conservation (πρὸς δὲ φυλακὴν) […] l'économie attique (ἡ Ἀττικὴ δὲ οἰκονομία) a aussi ses avantages : on achète en vendant (ἀποδιδόμενοι γὰρ ὠνοῦνται), et il n'y a donc pas lieu d'avoir un cellier (ἡ τοῦ ταμιείου θέσις) dans les plus petites maisons (ἐν ταῖς μικροτέραις οἰκονομίαις)[12]. (*Économique* I, 6, 1344b30-33 ; trad. Wartelle légèrement modifiée)

Rien n'est dit du détail de la procédure de cette « économie attique ». S'agit-il, comme chez Périclès, de vendre toute la récolte d'un coup ? Ou bien s'agit-il d'une vente progressive comme le laisse entendre la traduction de Wartelle – « à mesure qu'on vend, on achète » –, traduction sans doute motivée par la mention de l'absence de cellier, qui empêche les stocks, donc les achats, à grande échelle ? Quoi qu'il en soit, outre qu'il souligne le lien direct entre les deux opérations de la « conservation », à savoir le mode de gestion de l'*oikos* et la question, évoquée plus haut, de son rangement et de son organisation spatiale, ce passage confirme le souci de préserver le capital en vivant sur les revenus de l'*oikos* obtenus par la vente de ses récoltes, vente dont le volume fixe leurs limites aux dépenses. Xénophon évoque lui aussi l'idée que les travaux agricoles doivent produire des gains « profitables à la dépense », c'est-à-dire destinés à couvrir les dépenses de l'*oikos*, et permettant ainsi de ne pas toucher au capital :

> Voilà qui ruine une maison beaucoup plus sûrement qu'une excessive ignorance : d'un côté, dépenser complètement ce qu'on tire des maisons (τὸ γὰρ

---

11 Chankowski-Sablé 2005, p. 79-81 ; et Descat 1995, p. 968-969.
12 *Oikonomia* peut aussi être synonyme d'*oikos* : *LSJ*. s.v. A.1.

τὰς μὲν δαπάνας χωρεῖν ἐντελεῖς ἐκ τῶν οἴκων), de l'autre des travaux qui ne sont pas profitables à la dépense (τὰ δὲ ἔργα μὴ τελεῖσθαι λυσιτελούντως πρὸς τὴν δαπάνην). Avec cela, il ne faut plus s'étonner si au lieu d'engranger des gains (περιουσίας), on tombe dans le besoin (ἔνδειαν). (*Économique* XX, 21 ; trad. Chantraine modifiée)

Là encore, la dépense doit se régler sur l'acquisition constituée par ces gains. Ces derniers fixent ainsi aux dépenses leurs limites, au-delà de laquelle le capital qu'est l'*oikos* serait entamé.

Tous ces passages, néanmoins, ne se prêtent pas uniquement à une lecture historienne centrée sur les dimensions technique et institutionnelle des pratiques économiques : ils relèvent aussi d'une réflexion philosophique. Ainsi, le texte de Plutarque, quoique peu philosophique en lui-même, porte les traces de questions soulevées à ce sujet dans le *logos oikonomikos* le plus classique. Deux points le signalent : tout d'abord, l'accent mis par Périclès sur l'acquisition du nécessaire, opposé au goût du superflu de ses proches – allusion très probable aux enjeux éthiques débattus par les philosophes au sujet de l'acquisition et de la dépense ; ensuite, la définition d'une temporalité économique résultant de la conjonction, d'une part, de la vente annuelle de toute la récolte, qui définit la quantité de richesse disponible pour un an[13], et, d'autre part, de la dépense *journalière*, qui oblige à dépenser cette richesse avec calcul et parcimonie pour ne pas tomber dans le besoin avant la récolte suivante. Le temps ainsi ouvert n'est pas l'avenir indéfini du crédit productif, le futur illimité de l'investissement créateur : il est à la fois présent étendu mais clos dont l'année donne l'horizon, et présent actuel et renouvelé de chaque journée invitant à une éthique de la dépense.

Dans l'*Économique* de Xénophon, l'acquisition, qui soutient la conservation, sert également de référence pour régler les dépenses. Toutefois, acquisition et dépense se prêtent dans cet ouvrage à deux visions concurrentes ou à deux mesures, selon qu'elles reposent ou non sur la maîtrise de ses appétits (*enkrateia*). Il y a d'abord la vision qu'en a Critobule, qui s'estime riche au sens où son avoir matériel est beaucoup plus grand que celui de Socrate (*Écon.* II, 3-4), et qui croit maîtriser ses passions (ἐγκρατῆ, *Écon.* II, 1). Toutefois, lui oppose Socrate, la pauvreté le menace sans qu'il le sache, car les hommes dits riches en ce sens doivent

---

13 *Cf. Rép.* VIII, 543c : les gardiens doivent « recevoir des autres, *pour l'année*, en rémunération pour leur garde, de quoi se nourrir pour remplir leur fonction » (je souligne).

assumer des dépenses considérables (*Écon.* II, 4-7). Acquérir beaucoup serait alors, selon Critobule, le moyen de faire face à ces dépenses, et il attend de Socrate qu'il lui enseigne comment y parvenir s'il est vrai que ce dernier arrive à dégager un profit (περιουσίαν ποιεῖν, *Écon.* II, 10) à partir de ses modestes possessions. Acquisition illimitée, dépense sans fin : Critobule n'est pas loin du modèle tyrannique, que Socrate évoque discrètement (*Écon.* I, 15)[14].

Autre modèle d'acquisition et de dépense : celui de Socrate, tout entier fondé sur l'*enkrateia*, le contrôle de ses appétits, dont rend compte la métaphore du combat pour la liberté qu'il invite son interlocuteur à mener contre les appétits asservissants (*Écon.* I, 16-23)[15]. Socrate acquiert beaucoup non parce qu'il accumule à l'excès mais parce que, outre que ses besoins sont limités, il dépense peu grâce à ce contrôle qu'il exerce sur lui-même. Dans le même ouvrage, Ischomaque lui aussi accorde à l'*enkrateia* une valeur centrale (*Écon.* VII, 27 ; IX, 11) mais il se distingue de Socrate sur deux points quant à l'usage qu'il en fait. D'une part, il l'applique à l'administration de son *oikos*, alors que Socrate, qui ferait un bon *oikonomos* en raison de cette même *enkrateia*, s'y refuse pourtant[16]. D'autre part, tandis que Socrate se dit suffisamment riche et estime n'avoir pas besoin d'accroître ses biens (*Écon.* II, 2), Ischomaque au contraire vise la croissance de son *oikos* (*Écon.* VII, 16). Sa gestion consiste alors à faire porter l'*enkrateia* sur les dépenses, en les contrôlant et en les limitant, et à lui adjoindre le souci de l'acquisition ou de l'accumulation sans limite des biens, de sorte que le différentiel entre dépenses et acquisitions ne cesse d'augmenter positivement. Son souci de contrôle des dépenses apparaît dans la recommandation qu'il fait à son épouse de « ne pas faire pour un mois la dépense prévue pour une année » (*Écon.* VII, 36), qu'étaye le dispositif, évoqué plus haut, de rangement et de visibilité des dépenses mensuelles et annuelles (*Écon.* IX, 8). Une temporalité économique annuelle similaire à celle de Périclès est ici perceptible, à cette différence près que le rythme des dépenses est ici mensuel, et non pas journalier. Quant au procédé d'acquisition au sens d'accumulation, Ischomaque l'a appris de son père : il consiste à acheter des terres abandonnées, à les travailler pour les rendre fertiles, et

---

14 Voir l'étude détaillée de Critobule chez Noël 2015, en particulier § 23-31.
15 Sur l'importance de l'*enkrateia* pour Socrate, voir *Mémorables* I, 5, 1 et II, 1, 1.
16 Voir chapitre « Acquérir », p. 123, note 4.

à les revendre à plus haut prix (*Écon.* XX, 22-26). La réplique de Socrate
à la fin du passage – « tous aiment naturellement ce dont ils pensent
tirer profit » (*Écon.* XX, 29) – laisse ouverte la question de savoir dans
quelle mesure le souci de la croissance, à propos de laquelle Ischomaque
n'évoque aucune limite quantitative, témoigne d'une véritable *enkrateia*,
ou si la version qu'en propose Ischomaque est le mieux – ou le moins
mal – qu'on puisse faire dès l'instant qu'on administre un *oikos*. Car
tandis que Socrate fait preuve de maîtrise aussi bien dans la dépense
que dans l'acquisition, Ischomaque n'en fait montre qu'à propos des
dépenses. Néanmoins, l'usage social qu'il fait de sa richesse – elle lui
permet « d'honorer les dieux avec magnificence, d'aider ses amis s'ils
ont besoin de quelque chose, de ne jamais laisser, dans la mesure de [s]es
possibilités, [s]a cité manquer des ressources nécessaires à sa parure »
(*Écon.* XI, 7) – peut être tenu pour un principe donnant sa mesure à
son acquisition croissante, en la liant à des dépenses d'intérêt collectif.

Il est toutefois une autre façon de faire porter à l'acquisition tout
le poids de la conservation, qui est celle qu'Aristote décrit au Livre I
des *Politiques*. Dans la discussion consacrée aux deux formes de chrématistique, il n'examine absolument pas la dépense, mais seulement
l'acquisition, en la présentant comme la capacité de se procurer « les
biens qu'il faut mettre en réserve et qui sont nécessaires à la vie »
(θησαυρισμὸς χρημάτων πρὸς ζωὴν ἀναγκαίων, *Pol.* I, 8, 1256b28-29).
Le cœur du passage se concentre sur les limites dans lesquelles doit se
maintenir l'acquisition, en tant que partie de l'art de l'administration
économique. Il s'achève par la formulation du concept de « richesse selon
la nature » (ὁ πλοῦτος ὁ κατὰ φύσιν, *Pol.* I, 9, 1257b19-20) qu'Aristote
définit comme instrumentale et, de ce fait, comme limitée. Aristote
réalise là un déplacement significatif : au couple classique de l'acquisition
et de la dépense, il oppose celui de l'acquisition et de l'usage – le bon
usage consistant avant tout en la capacité de ne voir dans la richesse
qu'un moyen et non pas une fin. Comme si le fait de dépenser était non
pas sans importance, mais totalement absorbé par la primauté accordée
à l'idée de limite inhérente à la vraie richesse, ainsi qu'à l'usage de ce
qui a été acquis, ce dont la dépense n'est qu'une modalité particulière.

LA CONSERVATION PAR LA DÉPENSE

Au modèle de gestion qui se concentre sur les procédures d'acquisition et la limitation des dépenses, Philodème de Gadara oppose i'idée plus paradoxale que c'est au contraire la dépense bien pensée qui assure la conservation de l'*oikos* : elle produit un gain consistant dans la consolidation d'un réseau d'amis avec qui pratiquer la philosophie, et qui procure ainsi la sécurité essentielle au bonheur de tout épicurien. Il ne s'agit en aucun cas de rendre légitime le modèle tyrannique, puisque les dépenses du philosophe épicurien sont réglées sur la discipline des désirs, qui leur impose une limitation – ce qu'exprime l'idée que « pour un philosophe, il existe une mesure de la richesse [...] » (*Des Vices* IX, XII, 17-19), ou cette formule encore plus explicite selon laquelle la bonne administration domestique « empêche de s'enrichir au-delà de toute mesure (*mê pros hupermetron khrêmatismon*) » (*Des Vices* IX, XVI, 37-39)[17]. La démarche de Philodème vise bien plutôt à prévenir la tendance à l'acquisition sans limite d'une façon neuve par rapport au modèle évoqué dans la section antérieure. Pour ce faire, il procède en trois étapes. Tout d'abord, Philodème attaque l'opinion courante qui voit dans la dépense une perte au motif qu'elle suppose de se défaire d'un bien qu'on possède. Selon cette opinion, dépenser s'oppose à conserver. Contre cette idée, Philodème fait les remarques suivantes :

> Si l'on n'est pas dans la disposition d'esprit qui amène à s'imaginer que, une fois ces biens dépensés (*ean analôthêi tauta*), on n'en trouvera pas d'autres, une grande *facilité* (*rhaistônê*) s'attache à l'économie. (*Des Vices* IX, XV, 6-12 ; trad. Delattre et Tsouna modifiée)

> Ce serait trop stupide de ne pas conserver [l'*oikos*] dans la mesure où l'effort n'outrepasse pas ce qui est convenable, et où aucune des dépenses nécessaires n'est laissée de côté [...]. (*Des Vices* IX, XVI, 21-30 ; trad. Delattre et Tsouna modifiée)

Faire les dépenses nécessaires – sans doute celles qu'implique l'entretien des domaines des riches propriétaires romains auxquels Philodème s'adresse[18] – n'entame pas l'intégrité matérielle de l'*oikos*. Dans le cadre de la discipline des désirs invitant à « se couper du désir de ce qui n'est

---

17 Sur « richesse selon la nature » selon Épicure : voir le chapitre « Acquérir », p. 125-127.
18 Asmis 2004, p. 151 et 175.

pas à désirer » (*Des Vices* IX, XXIV, 6-9), ce qui a été dépensé sera facilement compensé, car cela représente peu.

Dans un second temps, Philodème contredit davantage encore le sens commun en montrant que la dépense qui prend la forme du partage de ses ressources avec les amis, n'entame pas non plus l'avoir de l'*oikos*. L'idée d'une mesure naturelle de la richesse conduit le sage épicurien qui administre correctement son domaine à « tout partager » (*Des Vices* IX, XVIII, 6-7), car on ne saurait rien perdre en partageant le peu requis par des désirs limités. Ceux qui croient que « les occasions de partage (*metadoseis*) avec des amis amputent (*aphaireiseis*) les revenus » sont, eux, dans l'erreur (*Des Vices* IX, XXIV, 41-46). Ce point est décisif pour les pratiques, si centrales dans l'économie épicurienne, du partage et du don entre amis[19].

Enfin, Philodème va jusqu'à faire de la dépense l'occasion d'un gain, en s'en prenant à l'opinion courante selon laquelle l'injustice et l'absence d'amis font croître les revenus. Pour ce faire, il montre d'abord que ces deux attitudes n'apportent rien de positif :

> Si l'absence d'amis allège, croit-on (*dokei*), les dépenses (*analômatôn kouphizein*), elle produit des gens qui ne bénéficient d'aucune aide, qui sont méprisés par tout un chacun et à qui nul bienfait ne vaut de considération. De ces deux cas de figure [*i.e.* l'injustice et l'absence d'amis], il ne découle ni un revenu (*prosodos*) qui vaille la peine qu'on en parle (*axiologos*) ni l'assurance (*asphalês*) de conserver ce dernier ; si bien qu'en faisant sienne l'amitié, c'est sur les deux tableaux qu'on gagnera. (*Des Vices* IX, XXIV, 19-29)

Philodème dénonce là un mauvais calcul ordinaire : quand bien même l'injustice et l'absence d'amis déboucheraient sur un gain matériel, un solde positif, ce dernier ne « vaut pas la peine qu'on en parle », peut-être parce qu'il est maigre le plus souvent, mais surtout parce qu'il est entaché d'une honteuse mesquinerie. En outre, il n'est accompagné d'aucune « sécurité », probablement parce que l'injustice consistant à ne pas donner à ses amis risque d'entraîner l'injustice sous la forme de la vengeance ou le refus de la réciprocité dans le futur. Or la « sécurité » est un bien central de l'éthique épicurienne, qu'elle provienne du contexte politique, de la sagesse intérieure ou des relations d'amitiés établies par le partage de cette sagesse[20] : elle est la condition de possibilité de

---

19 Asmis 2004, p. 139.
20 Sur le concept de sécurité (*asphaleia*), voir *Maximes Capitales* VI, VII, XIII, XIV, XXVIII et XL.

la maximisation du plaisir sous la forme du plaisir stable, celui qui est absence de douleur par absence de perturbation.

Outre qu'elles n'apportent rien, injustice et absence d'amis entrainent aussi une véritable perte : le manque d'humanité et de douceur « sont causes de nombreux dommages et produisent des gens à qui manque tout secours, au point de voir leur bien (*tên ousian*) complètement ravagé » (*Des Vices* IX, XXIV, 31-33 ; trad. Delattre et Tsouna modifiée).

C'est alors que se produit le renversement de la perte au gain, à partir de la méthode argumentative suivante : si une cause A entraine un effet B, le contraire de A doit entrainer le contraire de B, soit, dans les termes de Philodème dans ce passage : « les dispositions (*diatheseis*) contraires [...] produisent les effets contraires », la vertu produisant donc le contraire de ce que produit le vice (*Des Vices* IX, XXIV, 33-40). Si donc le manque d'humanité et de douceur, ou la réticence à partager, produisent des maux, alors dépenser avec mesure, partager, faire preuve d'humanité et de douceur : toutes ces attitudes, loin d'entraîner une perte, doivent produire un gain. C'est ce que confirme l'épicurien Hermarque, cité par Philodème : les partages (*metadoseis*) envers les amis sont des marques de sollicitude impliquant des dépenses, mais ils s'avèrent « des acquisitions plus utiles (*ktêseis lusitelesterai*) que des terres, et des trésors plus sûrs (*asphalestatoi*) contre les atteintes du sort » (*Des Vices* IX, XXV, 1-4). Conçue dans le cadre de la richesse naturelle et des finalités de l'éthique épicurienne, la dépense – ou le partage – n'est plus synonyme de perte mais de gain.

La position de Philodème a ceci d'original qu'elle s'oppose à deux principes de certains des penseurs évoqués plus haut, qui font dépendre la conservation de l'acquisition. Le premier est qu'il faudrait posséder beaucoup pour pouvoir dépenser pour ses amis, idée héritée de l'éthique d'Aristote pour qui la libéralité et la magnificence sont les vertus des riches[21]. Pour Philodème au contraire, « il faut dépenser (*analiskein*) en fonction de ses possessions, non se régler sur le fait que cela coûte cher ou pas » (*Des Vices* IX, XXV, 23-26) car la valeur matérielle de la dépense est relative à la richesse qu'on possède : on peut dépenser en possédant peu comme en possédant beaucoup. La dépense épicurienne est indifférente au niveau économique des individus. Toujours *souhaitable*, elle est aussi toujours *possible*, à tout moment.

---

21 *Éth. Nic.* IV, 1, 1119b22-1122a16 pour la libéralité, et IV, 2, 1122a17-1125a35 pour la magnificence.

La seconde idée que Philodème bat en brèche porte sur cette temporalité économique qui consistait à dresser un calendrier mensuel ou quotidien des dépenses à l'échelle d'une année. À ce modèle, Philodème oppose une modulation de l'épargne et des dépenses en fonction des situations, « étant donné qu'il est besoin en certaines occasions de dépenser beaucoup plus » et « au lieu de s'équiper ou d'épargner, de paramétrer (*parametrein*) [s.e. les dépenses et l'épargne] en fonction des situations et des dons (*epiphorais*) sources de plaisir » (*Des Vices* IX, XXV, 31-48 ; trad. Delattre et Tsouna modifiée). À la mesure calendaire abstraite, fermée aux contingences et par là source d'insécurité pour ce qui est de la maximisation présente et future du plaisir, Philodème oppose la temporalité des circonstances et des rapports humains, qu'il intègre dans un art de la mesure ou du « paramétrage » des dépenses et de l'épargne, destiné à rendre le présent toujours sûr, c'est-à-dire toujours plaisant et heureux.

Ranger l'espace économique, et le gérer en équilibrant dépenses et acquisitions : il ne s'agit là ni de simples pratiques de bon sens, ni de l'émergence d'une rationalité économique seulement calculatrice ou utilitaire, ou encore indexée uniquement sur une compétence civique en vertu de laquelle l'*oikonomia* relèverait de la politique[22]. En tant que savoir et pratique, l'*oikonomia* est beaucoup complexe et globale : elle engage le sens de l'inscription totale de l'homme au monde, à la croisée de ses dimensions domestiques, politiques et cosmiques. C'est ce que confirme la dernière de ses opérations constitutives : l'usage des biens acquis et conservés.

---

22   Respectivement pour les deux derniers points : Descat 2010, p. 405, et Pébarthe 2014, p. 79-80.

BIEN USER

Pour comprendre le sens et les enjeux de cette dernière opération constitutive de l'*oikonomia*, il faut revenir à l'un des préjugés évoqués au début de ce livre : les Grecs auraient relégué la sphère des activités économiques dans le domaine de la nécessité, loin de toute considération relative aux valeurs et au Bien, dont ils auraient réservé la connaissance à l'éthique et à la politique. Cette interprétation toute moderne, qui sépare radicalement le domaine de la nécessité et celui de la liberté, et dont les passages de Hannah Arendt cités dans l'introduction ont donné un exemple caractéristique, est en porte-à-faux complet avec la complexité de l'*oikonomia*. Son double statut épistémologique évoqué dans le second chapitre en fait à la fois une technique inévitablement appelée par nos appétits, et une pratique tournée vers le Bien, envisagé sous l'angle de la liberté morale et politique. Le lien que les philosophes établissent entre ces deux aspects est à la fois général et spécifique.

Il est général en ce qu'ils insèrent toujours dans leurs considérations théoriques sur l'*oikonomia* une réflexion sur la bonne manière de l'entreprendre, avec le souci permanent de distinguer la simple efficacité technique ou fonctionnelle d'un côté, du Bien dans ses manifestations pratiques de l'autre, qu'il soit éthique ou politique. C'est ce dont témoigne notamment le vocabulaire de l'avantage ou du bienfait qu'il est possible de retirer de l'*oikonomia* bien conduite. Parce qu'elle obéit à une certaine régularité sémantique, la variété de ce vocabulaire permet de différencier dans les traductions ce que les termes « utile » et « utilité » ont tendance à confondre en français, c'est-à-dire, d'un côté, l'utile au sens de moyen adapté pour atteindre une fin, et, de l'autre, l'utile au sens axiologique d'avantage ou de bien excédant le but fonctionnel visé. C'est le terme *to khrèsimon* qui désigne souvent « l'utile » au premier sens, qui correspond à la dimension pragmatique et technique de l'*oikonomia*[1]. Au

---

1 Par exemple, Pseudo-Aristote : *Écon.* I, 3, 1343b28 ; 6, 1344b32 ; 1345a17 ; Aristote : *Pol.* I, 5, 1254b30 ; 8, 1256b30 ; 9, 1257a26 ; 1257a37 ; 1257b13, etc. ; Xénophon : *Revenus* III, 2 ; IV, 10 ; 42 ; Philodème : *Des Vices* IX, XVII, 12, et XVII, 47. On rencontre parfois

contraire, le mot *kerdos*, rendu le plus souvent par « gain » ou « profit » dans le corpus qui nous intéresse[2], ouvre en partie à la dimension axiologique de l'*oikonomia*. Si ce terme a le sens neutre de bénéfice personnel ou privé[3], il est aussi employé avec une connotation morale négative au sens d'amour du profit conquis sur la justice, ou du moins la mettant en péril[4]. Platon fait toutefois exception en s'interrogeant dans l'*Hipparque* sur la possible positivité de cette notion : aimer le profit, c'est en un sens aimer le Bien, s'il est vrai, comme le suggère Socrate dans le *Cratyle* (417b), que *kerdos* « nomme le Bien d'une autre façon[5] », ce qui semble suggérer que les affaires économiques ne sont pas étrangères au Bien. La dimension axiologique de l'*oikonomia* est plus nette encore avec les termes *to ophelimon*[6], et surtout *to sumpheron*, littéralement « ce qu'on porte avec soi », c'est-à-dire, de nouveau selon l'étymologie à la fois fantaisiste et sérieuse qu'en donne Socrate dans le *Cratyle*, avec son âme (417a)[7].

À ce lien général entre les pratiques économiques et les valeurs de la sphère pratique s'ajoute un lien plus spécifique. Chacune des activités relevant de l'*oikonomia* étudiées dans les chapitres précédents et dans celui-ci – les relations humaines entre les époux et avec les esclaves au sein de l'*oikos*, ainsi que l'acquisition, la conservation et l'usage des biens dans l'*oikos* ou dans la *polis* – est souvent envisagée selon ce double aspect de l'efficacité fonctionnelle et du bien lié à sa réalisation. Par exemple, la conservation des biens acquis dans l'*oikos* n'a pas seulement pour objet la préservation de leur intégrité physique en vue de garantir leur utilité, elle a également en vue l'élaboration d'un d'ordre domestique,

---

aussi un troisième terme, « le bénéfique » (*to lusitelê* et le verbe *lusitelein*), dont le sens oscille entre les deux dimensions de l'utile (Aristote : *Pol.* I, 8, 1258b13 et 16 ; Pseudo-Aristote : *Écon.* II, 1, 1345b25 ; Xénophon : *Écon.* VI, 11 ; Philodème : *Des Vices* IX, XIX, 30 ; XXII, 1).

2   Chez Homère, *kerdos* désigne en bonne part une forme d'habileté, en mauvaise part la fourberie : Nagy 1989, p. 134.

3   Par exemple, Xénophon : *Écon.* III, 8 ; VIII, 12 ; Aristote, *Pol.* I, 9, 1257b5 ; Platon, *Lois* VIII, 835b.

4   Par exemple, Xénophon, *Écon.* XIV, 10 ; Aristote, *Pol.* III, 16, 1287a40 ; V, 2, 1302a32, 39, b5 ; Platon : *Lois* VI, 754e ; VIII, 831c. Voir aussi Théognis 50 cité par Nagy 2013, p. 284.

5   Voir Davis 2006, p. 549 en particulier.

6   Par exemple Xénophon : *Écon.* I, 7-9 ; 11-15 ; 20 ; V, 11 ; VI, 4 ; VII, 18 ; etc.

7   Par exemple Callicratidas : *Sur le bonheur de l'*oikos Stob. 4.28.16, p. 682 He. (Mullach 2, p. 28) Thesleff p. 104 ; Stob. 4.28.17, p. 684 He. (Mullach 2, p. 31) Thesleff p. 105 ; Philodème : *Des Vices* IX, XIII, 21 ; XVIII, 42 ; 45-46 ; etc.

d'un cosmos dont la beauté et l'intelligibilité s'ajoute à l'utilité. C'est toutefois la réflexion de ces philosophes sur la façon d'user de ces biens qui témoigne le mieux de la conscience aiguë qu'ils ont de la relation problématique entre nécessité et liberté dans le domaine économique, et de la dimension axiologique qu'ils jugent inhérente à l'*oikonomia*. Trois points le montrent. Tous signalent, d'abord, la destination ou finalité pratique des biens acquis : elle va au-delà de leur emploi utilitaire, et est ordonnée à un Bien suprême en vue de leur bon usage. Ils présentent, ensuite, la description précise des différentes expressions d'une telle finalité, entre bénéfices éthiques individuels ou collectifs, et retombées politiques. Enfin – c'est la partie la plus spéculative et la plus philosophique mais aussi la plus aporétique de cette réflexion, en raison du double statut épistémologique si particulier de l'*oikonomia* – ils soulèvent un certain nombre de difficultés théoriques concernant la nature de ce savoir du bon usage.

SANS USAGE, SANS VALEUR

Si l'administration économique, notamment domestique, vise à pourvoir au nécessaire, suffit-il d'acquérir revenus, ressources ou gains pour qu'elle ait atteint sa finalité et que le maître de l'*oikos* puisse se prévaloir d'une compétence dans ce domaine ? Il n'en est rien. L'acquisition n'est pas le tout de l'*oikonomia*, elle n'est, rappelle Aristote (*Pol.* I, 8, 1256a5-6) que l'une de ses parties, à côté de la conservation et de l'usage des biens acquis. Ainsi, dès le début de l'*Économique*, le Pseudo-Aristote précise, dans le cadre d'une analogie avec la politique et la cité, que « [l'art ou la science] économique a pour objet l'acquisition de la maison et son usage (καὶ κτήσασθαι οἶκον καὶ χρήσασθαι αὐτῷ) » (*Écon.* I, 1, 1343a9). Il poursuit ainsi, dans un passage déjà cité : « les fonctions du maître de l'*oikos* sont au nombre de quatre : [...] acquérir, conserver, [...], mettre ses biens en ordre et savoir s'en servir, car c'est en vue de ces deux activités que sont requises les précédentes (ἔτι δὲ καὶ εἶναι κοσμητικὸν τῶν ὑπαρχόντων καὶ χρηστικῶν : τούτων γὰρ ἕνεκα κἀκείνων δεόμεθα) » (*Écon.* I, 6, 1344b22-27). La différence entre l'acquisition et la conservation d'un côté, et l'usage de l'autre, ne tient pas seulement au fait que la seconde est la fin des deux premières, qui sont ses moyens : elle tient aussi à leur caractère axiologique distinct. Acquérir et conserver sont des activités privées de valeur ou neutres, elles ne sont ni bonnes ni mauvaises, et il en va de même de leurs objets. L'usage, au contraire, détermine la qualité axiologique de toute la pratique économique ainsi que celle des choses acquises et conservées.

Bien qu'ils l'expriment différemment, tous nos auteurs partagent cette conclusion. Ils y aboutissent en remettant en question l'opinion courante selon laquelle les possessions matérielles ou la richesse constituent *par elles-mêmes* un bien. Ainsi de Socrate et Critobule dans l'*Économique* de Xénophon : tout objet, en particulier l'argent, ne l'est en réalité que si l'on sait en user, c'est-à-dire que si l'on en fait bon usage. Car « un bien (ou une richesse), c'est ce qui peut être avantageux à quelqu'un » (ἀφ᾽ ὧν τις ὠφελεῖσθαι δύναται, χρήματα εἶναι, *Écon*. I, 13), et ce qui passe pour un bien n'en pas un « si l'on ne sait pas en user (εἰ μὴ τις ἐπίσταιτο χρῆσθαι αὐτῷ)» (*Écon*. I, 8-15, en particulier 13-14), ce que confirme le passage récapitulatif du Livre VI : « est avantageux (ὠφέλιμα) ce dont on sait user (ἐπίσταιτο χρῆσθαι)» (*Écon*. VI, 4). Il en va de même chez Platon, dans des passages qui ne concernent pas directement l'administration économique. Dans l'*Euthydème*, Clinias admet dans un premier temps que certaines choses, dont la richesse, sont considérées par tout un chacun comme étant par elles-mêmes des biens (*Euthyd*. 279a), puis il se range à l'avis de Socrate selon qui « il n'y a rien d'utile à les posséder » (οὐδὲν ὄφελος τῆς κτήσεως γίγνεται, *Euthyd*. 280d) : il faut « s'en servir » (τὸ χρῆσθαι αὐτοῖς, *Euthyd*. 280e), c'est-à-dire en faire « un usage correct » (ὀρθῶς χρῆσθαι, *Euthyd*. 281a), pour les rendre utiles ou avantageuses. La question que Socrate pose dans le *Ménon* à propos de ce qui est considéré d'ordinaire comme des biens – santé, force, beauté « et bien sûr la richesse » (*Ménon* 87e) – va dans le même sens : « Lorsque ces choses sont l'objet d'une utilisation correcte (ὀρθὴ χρῆσις), n'est-ce pas là qu'elles sont utiles, tandis que sans cela, elles font du tort ? » (*Ménon* 88a). Enfin, s'il semble prendre le contrepied de la méfiance de ces philosophes à l'égard de la richesse, Philodème de Gadara n'en aboutit pas moins à la même conclusion qu'eux : « si la richesse apporte des difficultés préjudiciables, ce n'est pas de son fait à elle mais à cause du caractère vicieux de ceux qui en font usage (*tên tôn khrômenôn kakian)* » (*Des Vices* IX, XIV, 8-9). Reste donc à savoir en quoi consiste ce bon usage dont s'occupe une partie de la compétence *oikonomique*. La question est double. D'une part, quel est le contenu de ce bon usage, c'est-à-dire quelles en sont les manifestations ? D'autre part, quelle est la nature du savoir dont il dépend ?

MANIFESTATIONS ÉTHIQUES ET POLITIQUES
DU BON USAGE DES BIENS ACQUIS ET CONSERVÉS

Si la plupart des gens, selon nos auteurs, estiment que les choses acquises ou possédées sont par elles-mêmes des biens sans voir que c'est leur usage qui les rend tels ou non, en réalité leur pratique apporte une confirmation indirecte à la thèse des philosophes : ils font un certain usage de ces « biens » mais sont souvent dans l'erreur quant à la véritable nature du « bon » usage. Bref, ils se trompent sur ce qu'est le Bien. Ils l'assimilent d'ordinaire au plaisir maximum ou à l'accumulation d'argent ou de richesses matérielles, ce dont il ne sort que des conséquences négatives. Mal employé, l'argent est comparable, selon Socrate et Critobule, à « une plante qui rend fous ceux qui en mangent » (*Écon.* I, 13) et il faut donc « le rejeter si loin qu'il ne compte pas au nombre des richesses » (*Écon.* I, 14). En quoi peut donc consister le bon usage économique des biens acquis ? Il vise à atteindre, tous en sont d'accord, une forme de plénitude de nature éthique ou, cas plus fréquent, politique, qui tout à la fois transcende la seule sphère économique et se manifeste pourtant déjà en elle. En d'autres termes, ces expressions variées ont en commun d'accorder une authentique dimension axiologique à l'*oikonomia*, sans que celle-ci ne représente jamais néanmoins l'activité pratique *suprême* – c'est à l'éthique ou à la politique que revient ce rôle, on le verra plus bas. C'est ce que montrent l'importance du concept d'autosuffisance chez les épicuriens et Aristote, ainsi que l'alignement du bon usage des biens économiques sur les lois et les usages de la cité chez Xénophon et Platon.

L'AUTOSUFFISANCE

L'autosuffisance ou autarcie est sans doute la modalité du bon usage des biens qui confère le plus à l'*oikonomia* sa dimension axiologique. L'autosuffisance n'est pas seulement l'indépendance économique ou matérielle, comme on l'entend aujourd'hui : elle s'appuie certes sur elle grâce à un contrôle individuel ou collectif des appétits, mais c'est en vue d'une forme d'indépendance éthique ou politique – forme accomplie de l'autosuffisance. Ainsi, pour atteindre l'indépendance éthique, Philodème préconise une pratique économique fondée sur les principes de l'épicurisme, en particulier l'idée, déjà évoquée dans le chapitre consacré à l'acquisition, qu'il existe une « mesure naturelle de la richesse », articulée à la discipline individuelle et collective des désirs. Celle-ci vise à les réduire autant que possible aux naturels et nécessaires en se « se coupant du désir de ce qui n'est pas à désirer » (*Des Vices* IX, XXIV, 6-9), bref, en faisant de la frugalité la mesure de tout désir, au nom du Bien qu'est le plaisir stable. Ce qui a été acquis par l'exploitation des ressources domestiques, agricoles principalement, doit être employé pour permettre au plus grand nombre des amis de la communauté épicurienne d'accéder à une telle autosuffisance. Pour cela, ces biens doivent faire l'objet d'un « partage total » (παντὸς μεταδότας) (*Des Vices* IX, XVIII, 6-7), comme le faisait Épicure selon qui « le sage [...] sait partager plutôt que prendre, si grand est le trésor qu'il a trouvé dans l'autosuffisance » (*Sentences Vaticanes* 44). L'amitié entre les épicuriens et la sécurité, c'est-à-dire la tranquillité de l'âme à l'abri des troubles[8], en seront consolidées. En somme, l'*oikonomia* telle que la présente Philodème consiste à faire de l'autosuffisance la finalité pratique des biens acquis par l'économie domestique agricole, mais en inscrivant déjà dans la pratique économique elle-même, sous la forme du bon usage des biens, une large part de ses retombées éthiques. Ce lien entre les dimensions matérielle et éthique de l'*oikonomia* est encore plus manifeste, parce que plus étroit, dans la pratique des échanges philosophiques qui, selon Philodème, surpasse l'activité agricole pour se procurer des ressources. Car en recevant, « en échange d'entretiens philosophiques auxquels on fait participer des personnes à même de les recevoir, [...] des présents forts agréables, comme cela a été le cas pour Épicure [...] » (*Des Vices* IX,

---

8   Voir le chapitre « Conserver », p. 158 et note 20.

XXIII, 22-32), le sage concentre dans une même pratique l'acquisition des biens nécessaires, leur bon usage – en philosophant, il partage sa sagesse avec ses interlocuteurs – et l'autosuffisance.

Parce qu'il fait également de l'autosuffisance la forme achevée du Bien pratique, Aristote se livre à un geste similaire à celui de Philodème, mais sur le plan politique et non plus seulement éthique. Après avoir défini la cité comme la communauté humaine « ayant atteint le niveau de l'autarcie pour ainsi dire complète » (*Pol.* I, 2, 1252b29 ; *cf.* Pseudo-Aristote, *Écon.* I, 1, 1343a10-11), il expose le sens et les conditions de possibilité de cette autosuffisance au niveau de la pratique économique domestique. Le sens : cette autarcie de la *polis* n'est pas indépendance économique – la meilleure cité entretient des relations commerciales avec d'autres (*Pol.* VII, 5, 1327a19-20) – mais indépendance morale : elle est partage de valeurs communes (*Pol.* I, 2, 1253a16-18) et belles actions accomplies ensemble (*Pol.* III, 9, 1281a1-2). Une telle finalité politique de la communauté civique exclut que son bonheur consiste dans l'accumulation des richesses et la conquête d'autres territoires (*Pol.* VII, 2, 1324b1-1325a5). Les conditions de possibilité : atteindre une telle fin n'est toutefois envisageable que dans la continuité d'une bonne administration domestique déjà orientée vers de telles valeurs, même si le degré d'autosuffisance morale de l'*oikos* est inférieur à celui de la cité. Le rejet de la chrématistique dénaturée, tournée vers l'acquisition sans limite des richesses (*Pol.* I, 9, 1257b18-19) ; la définition de la richesse comme instrument et bien extérieur limité (*Pol.* I, 8, 1256b35-38) ; l'idée, enfin, que la maison est elle aussi une communauté de valeurs (*Pol.* I, 2, 1253a16-18) et pas principalement une unité de production : ces trois éléments montrent que le bon usage des biens acquis dans le cadre domestique est certes tourné tout entier vers l'autosuffisance de la cité, mais que l'activité économique domestique a déjà elle-même vocation à réaliser une part de cette autosuffisance, et qu'elle ne se contente pas de fournir une matière brute à un art politique qui seul déterminerait ce bon usage.

LE VERSANT POLITIQUE DE L'*OIKONOMIA*

Sans mobiliser le concept d'autosuffisance, Xénophon et Platon voient eux aussi dans l'*oikonomia* une sphère pratique ouverte au Bien, et dont les prolongements se manifestent sur le plan politique. À bien des égards il est vrai, tout oppose ces deux penseurs. Xénophon, du moins ses personnages, estiment que l'art économique a pour objet la croissance de l'*oikos*, comme ce doit être aussi le cas pour la cité, tandis que Platon assigne une limite à la croissance des maisons et des cités, au nom de l'unité interne de la *polis*. Mais malgré ce qui les sépare quant au contenu qu'ils donnent à l'expression économique et politique du « Bien », tous deux n'en partagent pas moins un même modèle d'articulation générale entre le volet économique du bon usage des biens, et son volet politique : bien user des ressources acquises c'est exploiter l'*oikos* en se conformant aux coutumes et aux lois de la cité, pour le bien de chacune de ces deux institutions.

Chez Xénophon, le bon usage des biens acquis soulève un débat moral et politique : si, conformément à la définition de l'*oikonomia* comme art de la croissance de l'*oikos*, les biens acquis augmentent, et avec eux les obligations sociales et civiques que la richesse entraîne, comment le maître de l'*oikos* peut-il éviter de faire le jeu de ses propres passions privées auxquelles il pourrait être tenté de consacrer en priorité ses richesses ? C'est tout l'enjeu de la comparaison entre Critobule et Ischomaque. À Critobule qui s'estime plus riche que Socrate parce qu'il détient plus de richesses, ce dernier réplique que c'est Critobule qui est en réalité plus pauvre que lui, au sens où ses besoins sont insatiables. Tandis que ce qu'il a suffit à Socrate, à l'inverse la réputation de Critobule et le train qu'il mène l'obligent à acquérir sans cesse davantage (*Écon.* II, 2-4) pour répondre aux dépenses énormes auxquelles la coutume et la loi obligent le riche. La coutume exige en effet qu'il offre souvent de grands sacrifices, qu'il reçoive les hôtes étrangers (la *proxénie*), qu'il offre des repas communs à ses concitoyens, et la loi lui impose de supporter les frais de l'élevage des chevaux, d'un chœur, d'une fête sportive, d'une haute charge, ainsi que des contributions extraordinaires en cas de guerre (*Écon.* II, 5-6). Ce à quoi Socrate ajoute : les proches ou amis de Critobule eux aussi « regardent dans sa direction dans l'espoir d'un avantage ». Il ne veut pas dire qu'ils sont « intéressés » au sens négatif du terme[9], mais simplement que la fonction sociale du riche est d'être

---

9   Contrairement à ce que laisse entendre la traduction de Chantraine, qui ajoute en français une négation absente du grec : « [tes amis] *n*'ont les yeux tournés vers *que* dans l'attente de quelque avantage » (οἱ δὲ σοὶ φίλοι [...] παρὰ σοῦ ὠφελησόμενοι ἀποβλέπουσι, *Écon.* II, 8 ; je souligne).

utile à ses proches. Socrate ne porte ici aucune accusation ou ne formule aucune critique contre de telles obligations : il souligne seulement qu'elles supposent de savoir acquérir la richesse *et* de ne pas la dilapider pour satisfaire nos passions privées lorsqu'elles nous asservissent (*Écon.* II, 21-23). Si lui-même échappe à ces obligations parce que sa vie modeste est fondée sur le contrôle de ses appétits et que, faute de biens à administrer, l'*oikonomia* n'est pas de son ressort (*Écon.* II, 12-13), reste à savoir comment celui qui a des biens domestiques à administrer peut le faire en remplissant les obligations sociales et civiques impliquées par sa richesse, mais sans jamais tomber dans un état de pauvreté relative, c'est-à-dire en ayant toujours ce qui suffit pour soi et pour la collectivité. C'est Ischomaque qui, parce qu'il est perçu comme un « homme de bien » (καλός τε κἀγαθὸς ἀνήρ, *Écon.* VI, 12 et 17) et pratique une *oikonomia* soigneusement réglée, visant la croissance « autant que possible dans le respect du beau et du juste » (*Écon.* VII, 15), incarne le modèle d'une telle réussite. Il s'acquitte d'obligations civiques à la place de ses concitoyens « à l'occasion d'une chorégie ou d'une triérarchie » (*Écon.* VII, 3), et « trouve plaisant d'honorer les dieux avec magnificence, d'aider ses amis s'ils ont besoin de quelque chose, de ne laisser jamais, dans la mesure de ses possibilités, la cité manquer des ressources nécessaires à sa parure » (*Écon.* XI, 7). Le bon usage des biens culmine donc dans la sphère politique, mais il est déjà présent, on le voit, dans le soin apporté à la croissance de l'*oikos* qui fait l'essentiel du traité de Xénophon et qu'Ischomaque décrit avec grand soin.

Ce que Platon modifie n'est pas tant l'architecture d'ensemble de ce schéma que la nature des normes sur lesquelles il repose. Plutôt que l'autosuffisance ou la croissance de la cité, c'est, on l'a dit, le souci de son unité que Platon met à l'horizon du bon usage des biens acquis. Les *Lois* sont plus explicites que la *République* sur la façon dont ces biens peuvent contribuer à cette fin : dans le cadre de la double limite du seuil de la pauvreté et du plafond de la richesse (*Lois* V, 744d-745b), le citoyen de la cité de Magnésie, responsable de l'exploitation d'un lot agricole dont seule la cité est propriétaire (*Lois* IX, 877d), est invité à distribuer « à la cité et aux dieux » tout ce qui excède le niveau maximum de richesse défini par la loi, quelle que soit la façon dont il ait obtenu ce surplus (*Lois* V, 744d2-745b2). C'est là une expression politique du bon usage des biens, par lequel le citoyen peut démontrer qu'il joue le jeu de la cité en adhérant à ses valeurs : en pratiquant de la sorte une forme de modération ou de tempérance sur le plan économique, il la communique à la cité.

Qu'elles soient éthiques ou politiques, ces manifestations du bon usage des biens acquis conduisent à une seule et même question : sur quels principes reposent-elles ? En d'autres termes, qu'est-ce qui rend cet usage authentiquement bon ? Si l'*oikonomia* est un savoir et une pratique du Bien, comment le connaît-elle ? Car, comme l'indique Socrate dans l'*Économique* de Xénophon avec une ironie que Critobule ne semble pas percevoir, on pourrait également supposer qu'il « appartient à un bon maître de maison (οἰκονόμου […] ἀγαθοῦ) de savoir bien user des ennemis, de façon à en retirer avantage », si l'on en juge par « tous ceux qui, parmi les particuliers, ont vu leur maison s'accroître grâce à la guerre, et parmi les tyrans aussi » (*Écon.* I, 15). Comment donc s'assurer de la réelle valeur, c'est-à-dire du caractère véritablement bon, des moyens et des fins intervenant dans l'usage des biens acquis ?

LE SAVOIR DE L'USAGE
Hétéronomie *et* spécificité de l'*oikonomia*

QUEL STATUT ÉPISTÉMOLOGIQUE POUR LE BIEN DE L'*OIKONOMIA* ?

La question philosophique centrale que soulèvent ces textes est moins celle des manifestations ou expressions variables du bon usage des biens que celle de la nature épistémologique du Bien qui les rend possibles. En d'autres termes, de quel savoir relève la connaissance du Bien à l'œuvre dans le bon usage et auquel l'*oikonomia* doit sa dimension axiologique ? Est-il par lui-même un Bien proprement et seulement économique, dont la connaissance relève de la seule *oikonomia* ? Ou bien n'est-il toujours que l'ombre portée d'un Bien suprême et principiel dont la connaissance est le fait d'un savoir plus fondamental, orientant en seconde main le savoir du bon usage – et dans ce cas, lequel ou lesquels ? Toutes nos sources – la section antérieure l'a montré – invitent à se ranger à cette seconde hypothèse, celle de l'hétéronomie axiologique et de la subordination épistémologique de l'*oikonomia* à un savoir plus fondamental. Deux précisions, cependant, doivent être apportées, qui nuancent considérablement la formule de Finley selon laquelle l'*Économique* de Xénophon et les ouvrages du même genre ne sont que des traités d'éthique[10]. D'une part, la configuration épistémologique dans laquelle l'*oikonomia* s'insère est beaucoup complexe que ce qu'il affirme. L'éthique n'est pas, en effet, l'unique savoir orientant le bon usage économique : la politique en est un autre, fondamental, et ces deux savoirs sont eux-mêmes étroitement liés au savoir philosophique en tant que connaissance des principes en général, et du Bien en particulier. D'autre part, l'hétéronomie axiologique de l'*oikonomia* et sa subordination épistémologique n'impliquent pas son hétéronomie conceptuelle. Autrement dit, le bon usage a beau n'être « bon » qu'en vertu d'un Bien plus fondamental dont la connaissance relève d'une autre science, cela n'ôte rien à la spécificité du savoir *oikonomique*, à la diversité des connaissances et des pratiques qu'il recouvre, à la particularité des concepts qu'il mobilise et des questions qu'il soulève. Parce que tout le propos du présent ouvrage est de faire droit à ce second point, je me limiterai ici à examiner le premier, qui engage des positions variées chez nos auteurs.

L'ÉTHIQUE ET LA POLITIQUE
À LA SOURCE DU BIEN OIKONOMIQUE

L'éthique est pour Philodème et les épicuriens en général la science souveraine qui oriente la pratique économique :

> Notre homme [le bon *oikonomos*] mesurera sans doute l'utilité (*to sumpheron*), tant pour l'acquisition de ses biens que pour leur conservation, de la façon qui est de loin la meilleure, en veillant à ce que les peines qu'il se donne pour eux ne dépassent pas le bien-être (*eupathein*) qu'il en retirera. (*Des Vices* IX, XVIII, 40-44)

L'avantage situé à l'horizon des réflexions économiques de Philodème est explicitement identifié dans ce passage au souverain Bien épicurien qu'est le plaisir, dont le sage sait calculer la bonne mesure en fonction des peines que lui coûtent respectivement la mauvaise et la bonne conduite en matière d'*oikonomia*. Pas plus ici que dans le reste de l'ouvrage, il n'est fait mention d'un Bien strictement économique mais seulement

---

10   Finley 1973, p. 18.

de la réalisation du souverain Bien épicurien sur le plan économique. Autrement dit, le bon usage repose sur la connaissance du Bien relevant du savoir éthique du philosophe épicurien.

Chez d'autres auteurs, le savoir fondateur du bon usage et du Bien économique est la politique, en particulier chez le Pseudo-Aristote et Platon, quoique de façon différente. Quelques lignes après le début de l'*Économique*, le Pseudo-Aristote formule cette analogie, citée plus haut :

> Il revient à la politique de constituer la cité depuis le début et, une fois celle-ci constituée, d'en faire bon usage (χρήσασθαι καλῶς) ; de sorte qu'il est évident qu'il revient aussi à l'[art] économique et d'acquérir un *oikos* et de s'en servir (χρήσασθαι). (*Économique* I, 1, 1343a7-9)

Comment comprendre l'absence de l'adverbe « bien » (καλῶς) auprès de la seconde occurrence du verbe « s'en servir » (χρήσασθαι) employé à propos de l'économique, alors qu'il est présent quand il s'agit de la politique ? De deux façons au moins. Ou bien il s'agit d'éviter simplement une répétition, l'économique devant à l'évidence « bien » user de l'*oikos* ; mais dans ce cas, l'économique se prescrit-elle son propre bien ou le tire-t-elle d'autre chose ? Ou bien seule la politique peut déterminer le bon usage de la cité et de tout ce qu'elle contient, y compris les *oikoi* qui en sont les parties (*Écon.* I, 1, 1343a16). Cette seconde hypothèse est la plus vraisemblable, notamment parce qu'elle est cohérente avec le début de l'*Éthique à Nicomaque*, où la politique est définie comme étant le seul savoir capable de cerner la nature de la fin suprême, et comme la science à laquelle sont subordonnées « même les plus estimables des capacités, comme la conduite des armées, *l'économique* (οἰκονομικὴν) la rhétorique » (*Éth. Nic.* I, 1, 1094b2-3). Comme toute activité ou tout art, l'*oikonomia* vise donc une fin qui est son bien, mais cette fin est ordonnée au Bien suprême qui fait l'objet de la politique et dont le nom est le bonheur ou le bien-vivre. Fidèle en cela à Aristote selon qui la cité existe « en vue du bien-vivre » (*Pol.* I, 2, 1252b29-31), le Pseudo-Aristote le rappelle dans le même passage : la cité étant « un ensemble autosuffisant de maisons, de terres et de biens matériels en vue du bien-vivre (πρὸς τὸ εὖ ζῆν) » (*Écon.* I, 1, 1343a10-11), l'*oikonomia* est donc l'art d'administrer les ressources matérielles, animales et humaines en vue de cet objectif, et ses tâches spécifiques sont celles qui ont été mentionnées plus haut (acquérir et conserver, mettre en ordre et savoir faire usage, *Écon.* I, 6,

1344b23-27). Si la justice semble tenir une place importante dans le cadre des diverses activités économiques – elle est évoquée comme propriété intrinsèque de l'agriculture (*Écon.* I, 2, 1343a27-28), et comme un élément important des relations entre les époux (*Écon.* I, 4, 1344a8-9) ainsi qu'envers les esclaves (*Écon.* I, 5, 1344b15-16) – elle ne saurait donc pour autant constituer un Bien économique autonome : elle est plutôt la manifestation de la fin suprême dans une sphère pratique particulière.

Il en va autrement chez Platon, pour deux raisons. Premièrement, si lui aussi tend à identifier le savoir du bon usage à la politique, c'est de façon plus radicale : il ne ménage, sur ce point, aucune place à l'*oikonomia* domestique, parce que c'est à l'échelle de toute la *polis*, et non de l'*oikos*, qu'il juge pertinent de comprendre l'administration économique[11]. Deuxièmement, il fait dépendre étroitement de la philosophie la connaissance du bon usage. C'est sans doute l'*Euthydème* qui, malgré sa conclusion aporétique, évoque le mieux ces deux aspects. Après avoir admis ensemble que l'utilité des biens dépend de leur usage et que, afin d'être heureux (πρὸς τὸ εὐδαίμονα, *Euthyd.* 280e), l'acquisition des biens doit être complétée par leur « usage droit » (*Euthyd.* 280b-e), Socrate et Clinias s'interrogent sur la nature du savoir dont relève cet usage droit, qui serait ainsi le savoir du bonheur. Selon eux, l'acquérir suppose d'aimer le savoir – c'est-à-dire d'être « philosophe » (*Euthyd.* 288d) – la philosophie étant ainsi présentée ainsi comme la condition de possibilité de la connaissance du bon usage. Quant au savoir du bon usage lui-même, les candidats examinés puis disqualifiés – l'art de faire des discours et celui du général ou du commandement militaire (*Euthyd.* 289e-290d) – cèdent la place à l'art politique ou science royale, à propos de laquelle Socrate et Clinias ne parviennent toutefois pas à savoir en quoi consiste le Bien qu'elle communique aux hommes (*Euthyd.* 292c-e). Le *Politique* va dans le même sens :

> la véritable science royale [ou science politique] ne doit pas être astreinte à des tâches pratiques, mais elle doit avoir autorité sur les sciences qui sont en mesure d'accomplir ces tâches, *car elle peut déterminer quel est le moment opportun ou non pour commencer et lancer dans la cité les activités les plus importantes, et les autres n'ont qu'à exécuter ses ordres.* (*Politique* 305c-d ; je souligne)

Le lien entre la fonction directrice de la politique et la sphère économique n'est pas explicité dans ce passage, mais c'est bien la première

---

11 Voir Helmer 2010, p. 19-21 et 167-265.

qui est chargée d'inscrire le Bien dans la sphère pratique, dans toute la diversité de ses dimensions. Et que la philosophie soit indispensable à la connaissance politique, c'est ce qu'indique très clairement la proposition des philosophes rois ou reines de la *République*, non pas seulement parce que, comme dans l'*Euthydème*, le philosophe est en quête du savoir, mais parce que, pour devenir bon gardien de la cité, il doit avoir la connaissance du Bien (*Rép.* VI, 505e-506b).

Le philosophe serait-il donc le meilleur *oikonomos*, le mieux placé pour bien user des ressources acquises par l'*oikonomia*, parce qu'il saurait articuler correctement la connaissance du Bien et celle de la nécessité, garantissant ainsi sa liberté et, s'il exerce le pouvoir ou s'il en est proche, celle de toute la cité ? Paradoxalement, cette articulation dont il a la maîtrise joue tout autant en faveur de son rôle économique, comme on le voit chez Philodème, que de la distance qu'il maintient parfois à son égard, ce dont Socrate, dans l'*Économique* de Xénophon, offre une illustration particulièrement intéressante. D'un côté, en effet, tout le désigne pour faire un parfait *oikonomos*, notamment, son « profond accord doctrinal [avec le bon *oikonomos*] Ischomaque sur des sujets aussi importants que le rôle de l'*enkrateia*, la nécessité de la *karteria* (endurance physique), la téléologie divine, l'obligation d'honorer les dieux en fonction de ses moyens, l'importance de l'*epimeleia*, l'obéissance volontaire, le soin et l'exercice du corps, la façon de construire et d'aménager l'*oikos*, etc.[12] ». De l'autre, pourtant, il se refuse à devenir un *oikonomos*, parce que l'autosuffisance que son dépouillement lui permet d'atteindre suppose de renoncer à l'enrichissement visé par l'*oikonomia*, quand bien même ce sont des qualités morales similaires qui sont mobilisées dans les deux cas.

Dans tous les cas, le thème du bon usage des biens est probablement le plus révélateur de la richesse de l'*oikonomia*, comme pratique et savoir de l'articulation entre la connaissance du Bien, au sens de principe normatif et directeur de la sphère pratique requis pour pouvoir parler de *bon* usage, et celle de la nécessité, à première vue étrangère à toute considération axiologique. En ce sens, l'*oikonomia* ne se contente pas d'être une expression particulière ou secondaire de l'éthique ou de la politique : même si elle en reçoit la lumière, elle dispose par elle-même d'une authentique dimension axiologique, et d'une nature conceptuelle propre. Et telle est

---

12 Dorion 2008, p. 269. Voir plus largement p. 269-273.

sans doute sa caractéristique majeure, que les Modernes ont évincée ou oubliée : elle ne relève pas de la production, mais bien de la pratique. Elle est, pour le dire autrement, un savoir ou un savoir-faire du Bien, et par là un art possible de la liberté. Elle est, en somme, au-delà de l'économie dans son expression moderne et contemporaine dominante.

CONCLUSION

Les philosophes grecs n'ont pas négligé l'économie : ils l'ont au contraire prise très au sérieux en la traitant comme une partie intégrante et même « centrale » de leur idée de l'homme comme animal social ou politique. Centrale en ce qu'ils en ont fait l'un des principaux foyers des questions et des concepts par lesquels, sous des formes parentes mais toujours distinctes, ils ont proposé de comprendre les diverses facettes de cet animal si complexe : dans et par l'*oikonomia*, on l'a vu, ils ont croisé les fils de l'éthique, de la politique et de la métaphysique – quoi de plus métaphysique, en effet, que la question du Bien ?

Si cette fonction nodale de l'économie comme savoir théorique et pratique n'a sans doute rien perdu de sa pertinence, c'est toutefois une pensée autre de l'économie que, sous la forme de l'*oikonomia*, les philosophes grecs nous présentent, tant en ce qui concerne les pratiques qui la constituent qu'à propos de ce que *signifie* pour l'homme organiser la satisfaction collective de ses besoins. Car si, par certains aspects, leur approche fait certes directement écho à des débats contemporains en la matière, par exemple autour de la croissance et de la décroissance, l'essentiel n'est pas, croyons-nous, d'appeler ces penseurs au renfort de l'une ou l'autre de ces positions, ni de les créditer de cette sempiternelle « modernité » qui empêche précisément de saisir ce que leur altérité peut nous offrir de plus dérangeant et, par là, de plus riche. Parce qu'elle obéit à d'autres valeurs que le capitalisme, qu'elle s'inscrit dans une société marquée par l'esclavage, et qu'elle s'articule d'une façon particulière à des savoirs spécifiques, la réflexion des philosophes grecs sur l'*oikonomia* se présente comme un outil de compréhension incomparable. D'abord parce qu'elle offre des modèles d'intelligibilité permettant de mieux saisir, par écart, le rôle actuel de l'économie et ce que celle-ci engage quant au sens que l'homme donne à sa présence au monde. Ensuite, et par là, parce qu'elle montre que l'économie ne se limite pas à un ensemble de techniques, d'institutions et de pratiques destinées à satisfaire les besoins humains au nom d'une raison calculante, mais qu'elle est toujours aussi une façon d'habiter le monde et de lui donner sens.

BIBLIOGRAPHIE

TEXTES ANCIENS[1]

Aristote, *Les Politiques*, 1993, trad. P. Pellegrin, Paris, Flammarion.*
Aristote, *Économique*, 1968, trad. A. Wartelle, Paris, Les Belles Lettres.*
Aristotle *Politics*, 1932, trans. by H. Rackham, Harvard, Harvard University Press.
Aristotle, *Politics. Books I and II*, 1995, trans. and commentary by T.J. Saunders, Oxford, Clarendon Press.
Callicratidas, *Sur le bonheur de l'*oikos, 1965. Dans Holger Thesleff (éd.), *The Pythagorean Texts of the Hellenistic Period*, Åbo, Åbo Akademi, p. 102-107.
Diogène Laërce, *Vies et doctrines des philosophes illustres*, 1999, trad. M.-O. Goulet-Cazé (dir.), Paris, Le Livre de Poche.*
Diogenes of Oinoanda, *The Epicurean Inscription*, 1993, edited with Introduction, Translation, and Notes by M.F. Smith, Naples, Bibliopolis.
Épicure, *Lettres, maximes et autres textes*, 2017, trad. P.-M. Morel, Paris, Flammarion.*
Philodemi περὶ οἰκονομίας *qui dicitur libellus*, 1907, C. Jensen (éd.). Leipzig, B.G. Teubner. (texte grec).
Philodème de Gadara, « L'Économie » (*Des Vices* IX), 2010, trad. D. Delattre, V. Tsouna. Dans Daniel Delattre, Jackie Pigeaud (dir.), *Les Épicuriens*, Paris, Gallimard, Bibliothèque de la Pléiade, p. 595-616.*
Platon, *Les Lois*, 2006, trad. L. Brisson, J.-F. Pradeau, Paris, Flammarion, 2006.*
Platon, *Le Politique*, 2018, trad. et commentaire M. Dixsaut (dir.), Paris, Vrin.*
Platon, *La République*, 1993, trad. P. Pachet, Paris, Gallimard.*
Plutarque, *Vie de Périclès*, 2008, trad. M.-P. Loicq-Berger.*
    URL = http://bcs.fltr.ucl.ac.be/PERI/trad1-16.htm (17 avril 2020)
Xénophon, *Économique*, 2008, trad. P. Chantraine, Paris, Les Belles Lettres.*
Xénophon, *Les Mémorables*, 2000-2011, trad. L.-A. Dorion, Paris, Les Belles Lettres.*
Xénophon, *Les Revenus*, 1859, trad. E. Talbot, Paris, Hachette.*

---

1   Les titres marqués d'un astérisque sont les traductions de référence utilisées dans l'ouvrage.

ÉTUDES

Adkins Arthur William Hope, 1984, « The Connection between Aristotle's Ethics and Politics », *Political Theory* 12, 1, p. 29-49.

Amemiya Takeshi, 2007, *Economy and Economics of Ancient Greece*, London – New York, Routledge.

Andreau Jean, Maucourant Jérôme, 1999, « À propos de la "rationalité économique" dans l'Antiquité gréco-romaine. Une interprétation des thèses de D. Rathbone [1991] », *Topoi* 9, p. 47-102.

Andreau Jean, 2018, « Concepts économiques dans les œuvres des juristes romains ». Dans Elio Lo Cascio, Dario Mantovani (éds.), *Diritto romano e economia. Due modi di pensare e organizzare il mondo (nei primi tre secoli dell'Impero)*, Pavia, Pavia University Press, p. 223-254.

Annas Julia, 1989, « Cicero on Stoic Moral Philosophy and Private Property ». Dans Miriam Griffin, Jonathan Barnes (éds.), *Philosophia Togata : Essays on Philosophy and Roman Society*, Oxford, Clarendon Press, p. 150-173.

Anquetil Alain, 2008, *Qu'est-ce que l'éthique des affaires ?*, Paris, Vrin.

Arendt Hannah, 2012, *Condition de l'homme moderne*. Dans Philippe Raynaud (éd.), *L'humaine condition*, Paris, Gallimard, coll. « Quarto », p. 51-323.

Asmis Elizabeth, 2004, « Epicurean Economics ». Dans John Fitzgerald, Glenn Holland, Dirk Obbink (éds.), *Philodemus and the New Testament World*, Leiden, Brill, p. 133-176.

Ault Bradley Allen, 2007, « *Oikos* and *oikonomia*. Greek houses, households and the domestic economy », *British School at Athens Studies*, 15, *Building Communities : House, Settlement and Society in the Aegean and Beyond*, p. 259-265.

Baeck Louis, 2005, *The Mediterranean Tradition in Economic Thought*, London – New York, Routledge.

Baloglou Christos, 1998, « Hellenistic Economic Thought ». Dans S. Todd Lowry, Barry Gordon (éds.), *Ancient and Medieval Ideas and Concepts of Social Justice*, Leiden – New York, Brill, p. 105-146.

Baloglou Christos, 1993, « La division des tâches chez Platon », *Archives of Economic History* 2, p. 45-60.

Baloglou Christos, 2012, « The Tradition of Economic Thought in the Mediterranean World from the Ancient Classical Times Through the Hellenistic Times Until the Byzantine Times and Arab-Islamic World ». Dans Jürgen George Backhaus (éd.), *Handbook of the History of Economic Thought*, New York, Springer, p. 7-91.

Barney Smith Stanley, 1940, « The Economic Motive in Thucydides », *Harvard Studies in Classical Philology* 51, p. 267-301.

Bénatouïl Thomas, 2008, « Les possessions du sage et le dépouillement du philosophe », *Rursus* 3. doi : 10.4000/rursus.213.

Berns Egidius, 2013a, *La porosité. Un essai sur le rapport entre économie et politique*, Bruxelles, Ousia.

Berns Egidius, 2013b, « De la retenue et de la combativité en philosophie économique », *Cahiers d'économie Politique / Papers in Political Economy* 65, 2, p. 227-239.

Berthoud Arnaud, 2002, *Essais de philosophie économique. Platon, Aristote, Hobbes, A. Smith, Marx*, Villeneuve-d'Ascq, Presses Universitaires du Septentrion.

Beutler Corinne, 1973, « Un chapitre de la sensibilité collective : la littérature agricole en Europe continentale au XVIᵉ siècle », *Annales. Économies, Sociétés, Civilisations* 5, p. 1280-1301.

Bloom Allan, 2006, *La Cité et son Ombre. Essai sur la République de Platon*, Paris, Le Félin.

Bonar James, 1893, *Philosophy and Political Economy in some of their Historical Relations*, New York, MacMillan & Co.

Bravo Bernadette, 1984, « Commerce et noblesse en Grèce archaïque. À propos d'un livre d'Alfonso Mele », *Dialogues d'histoire ancienne* 10, p. 99-160.

Bresson Alain, 2003, « Merchants and politics in ancient Greece : social and economic aspects ». Dans Carlo Zaccagnini (éd.), *Mercanti e politica nel mondo antico*, Rome, « L'Erma » di Bretschneider, p. 139-163.

Bresson Alain, 2000, *La cité marchande*, Paris, De Boccard.

Brown Eric, 2009, « Politics and Society ». Dans James Warren (éd.), *The Cambridge Companion to Epicureanism*, Cambridge, Cambridge University Press, p. 179-196.

Brown Warren, 1982, « Aristotle's art of acquisition and the conquest of nature », *Interpretation* 10, p. 159-195.

Brûlé Pierre, Oulhen Jacques, Prost Francis (éds.), 2007, *Économie et Société en Grèce antique*, Rennes, Presses Universitaires de Rennes.

Brulé Pierre, 2009, « L'exposition des enfants en Grèce antique : une forme d'infanticide », *Enfances & Psy* 44, 3, p. 19-28.

Brunt Peter Astbury, 1993, « Aristotle and Slavery », *Studies in Greek History and Thought*, Oxford, Oxford University Press, p. 434-488.

Brunt Peter Astbury, 1973, « Aspects of the Social Thought of Dio Chrysostom and the Stoics », *Proceedings of the Cambridge Philological Society* 19, p. 9-34.

Cales Sabrina, 2019, *L'oikonomos dans les cités grecques aux époques classique et hellénistique*, Thèse de doctorat, soutenue le 18 oct., Université Bordeaux Montaigne.

Campagnolo Gilles, Gharbi Jean-Sébatien, 2017, « Philosophie économique, un état des lieux ». Dans Gilles Campagnolo, Jean-Sébastian Gharbi (dir.),

Philosophie économique, un état des lieux, Paris, Éditions Matériologiques, p. 3-48.

Chamayou Grégoire, 2010, *Les chasses à l'homme : Histoire et philosophie du pouvoir cynégétique*, Paris, La Fabrique.

Chandezon Christophe, 2011, « Some aspects of large estate management ». Dans Zosia Archibald, John Davies, Vincent Gabrielsen (éds.), *The Economies of Hellenistic Societies. Third to First Century B.C.*, Oxford, Oxford University Press, p. 97-121.

Chankowski-Sablé Véronique, 2005, « Techniques financières, influences, performances dans les activités bancaires des sanctuaires grecs », *Topoi* 12-13(1), p. 69-93.

Coin-Longeray Sandrine, 2001/2, « ΠΕΝΙΑ et ΠΕΝΗΣ : travailler pour vivre ? », *Revue de philologie, de littérature et d'histoire anciennes* 75, p. 249-256.

Cox Cheryl Anne, 1998, *Household Interests. Property, Marriage Strategies, and Family Dynamics in Ancient Athens*, Princeton, Princeton University Press.

Christesen Paul, 2003, « Economic Rationalism in Fourth-Century BCE Athens », *Greece & Rome* 50 (1), p. 31-56.

D'Ercole Maria Cecilia, 2017, « Archaeology and economic history : between affinities and discord ». Dans Philippe Boissinot (dir.), *Archaeology and social sciences*, Toulouse, University of Toulouse Jean Jaurès, P@lethnology, 9, p. 62-74.

Damet Aurélie, Moreau Philippe, 2017, *Famille et société dans le monde grec et en Italie du Vᵉ s. av J.-C. au IIᵉ s. av. J.-C.*, Paris, Armand Colin.

Davis Michael, 2006, « Making Something from Nothing : On Plato's Hipparchus », *The Review of Politics* 68, p. 547-563.

Dawson Doyne, 1992, *Cities of the Gods. Communist Utopias in Greek Thought*, New York – Oxford, Oxford University Press.

De Lacy Phillip, 1969, « Limit and Variation in the Epicurean Philosophy », *Phoenix* 23, 1, p. 104-113.

Delatte Armand, 1922, *Essai sur la politique pythagoricienne*, Paris, Honoré Champion.

Delebecque Édouard, 1951, « Sur la date et l'objet de l'Économique », *Revue des Études Grecques* 64, p. 21-58.

Descat Raymond, 2010, « Thucydide et l'économie, aux origines du *logos oikonomikos* ». Dans Valérie Frometin, Sophie Gotteland, Pascal Payen (dir.), *Ombres de Thucydide. La réception de l'historien depuis l'Antiquité jusqu'au début du XXᵉ siècle*, Paris, De Boccard, p. 403-409.

Descat Raymond, 2007, « La place de l'esclavage dans la société et l'économie grecques à l'époque classique », *Pallas* 74, p. 201-212.

Descat Raymond, 1995, « L'économie antique et la cité grecque. Un modèle en question », *Annales Histoire, Sciences Sociales* 5, p. 961-989.

Descat Raymond, 1990, « De l'économie tributaire à l'économie civique : le rôle de Solon », *Mélanges Pierre Lévêque. T. 5 : Anthropologie et société*, Besançon, Presses Universitaires de Franche-Comté, p. 85-100.

Descat Raymond, 1988, « Aux origines de l'*oikonomia* grecque », *Quaderni Urbinati di Cultura Classica* 28 (1), p. 103-119.

Desmond William, 2006, *The Greek Praise of Poverty : Origins of Ancient Cynicism*, Notre Dame, University of Notre Dame Press.

DeWitt Norman, 1936, « Epicurean Contubernium », *Transactions and Proceedings of the American Philological Association* 67, p. 55-63.

Dorion Louis-André, 2008, « Socrate *oikonomikos* ». Dans Michel Narcy, Alonso Tordesillas (éds.), *Xénophon et Socrate*, Paris, Vrin, p. 253-281.

Ducat Jean, 1997, « La cryptie en question ». Dans Pierre Brulé, Jacques Oulhen, *Esclavage, guerre, économie en Grèce ancienne. Hommages à Yvon Garlan*, Rennes, Presses universitaires de Rennes, p. 43-74.

Esposito Ariana, Sanidas Giorgos (éds.), 2012, *« Quartiers » artisanaux en Grèce ancienne, une perspective méditerranéenne*, Villeneuve d'Ascq, Presses Universitaires du Septentrion.

Farrington Benjamin, 1967, [1891], *The Faith of Epicurus*, Londres, Weidenfeld and Nicolson.

Feyel Christophe, Pébarthe Christophe, 2007, « Bibliographie : Économies et sociétés de 478 à 88 en Grèce ancienne (Grèce continentale, îles de l'Égée et cités côtières d'Asie mineure) », *Historiens & Géographes* 399, p. 99-144.

Figueira Thomas, 2012, « Economic In the Works of Xenophon ». Dans Fiona Hobden, Christopher Tuplin (éds.), *Xenophon : Ethical Principles and Historical Enquiry*, Leiden – Boston, Brill, p. 665-688.

Finley Moses Immanuel, 1977, « The Ancient City : From Fustel de Coulanges to Max Weber and Beyond », *Comparatives Studies in Society and History* 19 (3), p. 305-327.

Finley Moses Immanuel, 1973, *The Ancient Economy*, Berkeley – Los Angeles, University of California Press.

Finley Moses Immanuel, 1970, « Aristotle and Economic Analysis », *Past Present* 47, p. 3-25.

Foley Vernard, 1974, « The Division of Labor in Plato and Smith », *History of Political Economy* 6, p. 220-242.

Föllinger Sabine, 2016, *Ökonomie bei Platon*, Berlin, De Gruyter.

Föllinger Sabine, 2014, « Ökonomische Literatur ». Dans Bernhard Zimmermann, Antonios Rengakos (Hrsgg.), *Handbuch der griechischen Literatur der Antike. Zweiter Band : Die Literatur der klassischen und hellenistischen Zeit*, Münich, Verlag C.H. Beck, p. 584-590.

Foucault Michel, 1984, *L'Histoire de la sexualité*, vol. 2. *L'usage des plaisirs*, Paris, Gallimard.

Fouchard Alain, 1989, « L'éloge de l'agriculture et des agriculteurs en Grèce au IVe siècle avant J.-C. », *Mélanges Pierre Lévêque. 3 : Anthropologie et société*, Besançon, Presses Universitaires de Franche-Comté, p. 133-147.

Foxhall Lin, 1989, « Household, Gender and Property in Classical Athens », *The Classical Quaterly* 39(1), p. 22-44.

Frank Robert, 2010, *La Course au luxe. L'économie de la cupidité et la psychologie du bonheur*, Genève, Markus Haller.

Garlan Yvon, 1982, *Les esclaves en Grèce ancienne*, Paris, Maspero.

Garlan Yvon, 1978, « Signification historique de la piraterie grecque », *Dialogues d'histoire ancienne*, vol. 4, p. 1-16.

Garnsey Peter, 1996, *Ideas of Slavery from Aristotle to Augustine*, Cambridge, Cambridge University Press.

Garnsey Peter, 1996, [1988], *Famine et approvisionnement dans le monde gréco-romain*, Paris, Les Belles Lettres.

Gauthier Philippe, 1976, *Un commentaire historique des* Poroi *de Xénophon*, Genève – Paris, Droz – Minard.

Golden Mark, 2001, « Slavery and the Greek Family ». Dans Keith Bradley, Paul Cartledge (ed.), *The Cambridge World History of Slavery. Vol. I : The Ancient Mediterranean World*, Cambridge, Cambridge University Press, p. 134-152.

Gray Alexander, 1931, *The Development of Economic Doctrine. An Introductory Survey*, Londres, Longmans, Green and Co..

Harris Edward, 2002, « Workshop, Marketplace and Household : Technical Specialization in Classical Athens ». Dans Paul Cartledge, Edward Cohen & Lin Foxhall (éds.), *Money, Labour and Land : Approaches to the Economies of Ancient Greece*, Londres, Routledge, p. 74-75.

Hausman Daniel, 2008, *Philosophy of Economics. An Anthology*, Cambridge, Cambridge University Press.

Heath Malcolm, 2008, « Aristotle on Natural Slavery », *Phronesis* 53 (3), p. 243-270.

Helmer Étienne, 2020, « L'autarcie à l'épreuve de la mendicité cynique ». Dans Étienne Helmer (dir.), *Mendiants et mendicité en Grèce ancienne*, Paris, Garnier, p. 209-233.

Helmer Étienne, 2019a, « Conserver, ou mettre le monde en ordre : un aspect de la pensée économique antique », *Praxis filosófica* 49, p. 219-242.

Helmer Étienne, 2019b, « La frontière politique intérieure : le sens de l'esclavage dans les *Lois* et dans le *Politique* de Platon », *Méthexis* 31, p. 25-44.

Helmer Étienne, 2018, « Le commerce de la vérité : économie et commerce dans les *Lois* de Platon », *Plato Journal : The Journal of the International Plato Society* [S.l.], vol. 17, p. 51-64.

Helmer Étienne, 2017a, « Le 'marché' chez Platon : un lieu de justice et de vérité », *Études platoniciennes* 13.
URL = https://doi.org/10.4000/etudesplatoniciennes.1164 (17 avril 2020)
Helmer Étienne, 2017b, *Diogène le cynique*, Paris, Les Belles Lettres.
Helmer Étienne, 2016a, « Réévaluer la réflexion grecque sur l'économie : de la science économique à la philosophie de l'économie », *Mètis* 14, p. 187-205.
Helmer Étienne, 2016b, « Platon et le désir de richesse : psychologie, économie et politique ». Dans Étienne Helmer (dir.), *Richesse et pauvreté chez les philosophes de l'Antiquité*, Paris, Vrin, p. 197-220.
Helmer Étienne (dir.), 2016c, *Richesse et pauvreté chez les philosophes de l'Antiquité*, Paris, Vrin.
Helmer Étienne, 2013, *L'économie du bonheur. Épicure et l'économie*, Neuvy-en-Champagne, Le passager clandestin.
Helmer Étienne, 2011, « Le remodelage politique de l'*oikos* dans la *République* : de la famille au modèle familial, de l'économie domestique à l'économie politique », *The Internet Journal of the International Plato Society 11*.
Helmer Étienne, 2010, *La Part du bronze. Platon et l'économie*, Paris, Vrin.
Houmanidis Lazaros, 1993, « Xenophon's economic ideas », *Archives of Economic History* 2, p. 79-102.
Ismard Paulin, 2019, *La cité et ses esclaves. Institution, fictions, expériences*, Paris, Le Seuil.
Ismard Paulin, 2015, *La Démocratie contre les experts*, Paris, Le Seuil.
Johnstone Steven, 2011, *A History of Trust in Ancient Greece*, Chicago, University of Chicago Press.
Kamtekar Rachana, 2016, « Studying Ancient Political Thought Through Ancient Philosophers : The Case of Aristotle and Natural Slavery », *Polis* 33, p. 150-171.
Karbowski Joseph, 2013, « Aristotle's Scientific Inquiry into Natural Slavery », *Journal of the History of Philosophy* 51, p. 331-353.
King Cynthia, 2011, *Musonius Rufus : Lectures and Sayings*, trans. with an Introduction by Cynthia King ; ed. with a Preface by William Irvine. CreateSpace.
Koslowski Peter, 1979, *Zum Verhältnis von* Polis *und* Oikos *bei Aristoteles. Politik und Ökonomie bei Aristoteles*, München, Donau-Verlag.
Kurke Leslie, 1989, « *Kapèleia* and Deceit : Theognis 59-60 », *The American Journal of Philology* 110 (4), p. 535-544.
Lampe Kurt, 2015, *The Birth of Hedonism : the Cyrenaic Philosophers and Pleasure as a Way of Life*, Princeton, Princeton University Press.
Laroche Emmanuel, 1949, *Histoire de la racine Nem- en grec ancien*, Paris, Klincksieck.

Leshem Dotan, 2013, « *Oikonomia* redefined », *Journal of the History of Economic Thought* 35 (01), p. 43-61.

Leshem Dotan, 2012, « The ancient art of economics », *The European Journal of the History of Economic Thought* 21 (2), p. 201-229.

Lévy Édmond, 1989, « La théorie aristotélicienne de l'esclavage et ses contradictions », *Mélanges Pierre Lévêque. Tome 3 : Anthropologie et société*, Besançon, Presses Universitaires de Franche-Comté, p. 197-213.

Lockwood Thornton, 2007, « Is Natural Slavery Beneficial ? », *Journal of the History of Philosophy* 45, p. 207-221.

Mabilon-Bonfils Béatrice, 2012, « Croyance et rationalité économique : la science économique comme croyance et les croyances économiques comme savoir pratique », *Noesis* 20, URL = http://journals.openedition.org/noesis/1827 (17 avril 2020).

McK Camp II John, 2003, *The Athenian Agora. A Short Guide to the Excavations*, The American School of Classical Studies at Athens.

Medema Steven, Samuels Warren (éds.) (2003). *History of Economic Thought. A Reader*, New York, Routledge.

Medema Steven, Samuels Warren (éds.), 1998, *L. Robbins. A History of Economic Thought*, Princeton, Princeton University Press.

Meikle Scott, 1995, *Aristotle's Economic Thought*, Oxford, Clarendon Press.

Meikle Scott, 1979, « Aristotle and the Political Economy of the *Polis* », *Journal of Hellenic Studies* 99, p. 57-73.

Morel Pierre-Marie, 2016, « Épicure et les biens matériels, ou la pauvreté bien tempérée ». Dans Étienne Helmer (dir.), *Richesse et pauvreté chez les philosophes de l'Antiquité*, Paris, Vrin, p. 111-123.

Morel Pierre-Marie, 2013, « Conformité à la nature et décision rationnelle dans l'éthique épicurienne ». Dans Gabriela Rossi (ed.), *Nature and the Best Life. Exploring the Natural Bases of Practical Normativity in Ancient Philosophy*, Zürich – New York, Hildesheim, p. 249-274.

Morel Pierre-Marie, 2007, « Les communautés humaines ». Dans Alain Gigandet, Pierre-Marie Morel (éds.), *Lire Épicure et les épicuriens*, Paris, Presses Universitaires de France, p. 167-186.

Mossé Claude, 1993, « L'homme économique ». Dans Jean-Pierre Vernant (dir.), *L'Homme grec*, Paris, Le Seuil, p. 31-63.

Mossé Claude, 1991, *La femme dans la Grèce antique*, Paris, Complexes.

Mossé Claude, 1975, « Xénophon économiste ». Dans Jean Bingen, Guy Cambier, Georges Nachtergael (éds.), *Le Monde grec. Pensée, Littérature, Histoire, Documents. Hommages à C. Préaux*, Bruxelles, Éditions de l'Université, p. 169-176.

Nagle D. Brendan, 2006, *The Household as the Foundation of Aristotle's Polis*, Cambridge, Cambridge University Press.

Nagy Gregory, 2013, *The Ancient Greek Hero in 24 hours*, Cambridge – London, The Belknap Press of Harvard University Press.

Nagy Gregory, 1989, « The 'Professional Muse' and Models of Prestige in Ancient Greece », *Cultural Critique* 12, p. 133-143.

Natali Carlo, 2005, « L'élision de l'*oikos* dans la *République* de Platon ». Dans Monique Dixsaut (dir.), avec la collaboration d'Annie Larivée, *Études sur la République*, Vol. I, Paris, Vrin, p. 199-223.

Natali Carlo, 1995, « *Oikonomia* in Hellenistic political thought ». Dans André Laks, Malcolm Schofield (éds.), *Justice and Generosity, Studies in Hellenistic Social and Political Philosophy*. Proceedings of the Sixth Symposium Hellenisticum, Cambridge, Cambridge University Press, p. 95-128.

Natali Carlo, 1990, « Aristote et la chrématistique ». Dans Günther Patzig (ed.), *Aristoteles' Politik*. Akten des IX. Symposium Aristotelicum Friedrichshafen/ Bodensee 25.8-3.9 1987, Göttingen, Vandenhoeck & Ruprecht, p. 296-324.

Noël Marie-Pierre, 2015, « Critobule dans les écrits socratiques de Xénophon : le portrait d'un mauvais élève », *Kentron* 31.
URL = http://journals.openedition.org/kentron/289 ; DOI : 10.4000/kentron.289 (17 avril 2020)

Ober Josiah, 2012, « Thucydides as Prospect Theorist (July 28, 2012) », *Princeton/Stanford Working Paper*.
URL = https://www.princeton.edu/~pswpc/pdfs/ober/081201.pdf (17avril 2020)

Oost Stewart, 1973, « The Megara of Theagenes and Theognis », *Classical Philology* 68 (3), p. 186-196.

Patterson Orlando, 1982, *Slavery and Social Death. A Comparative Study*, Cambridge, Harvard University Press.

Pébarthe Christophe, 2014, « *Oikonomia*, entre champ économique, champ politique et champ philosophique en Grèce ancienne. Méditations bourdieusiennes sur l'*Économique* de Xénophon », *Revue Française de Socio-Économie* 13 (1), p. 67-84.

Pébarthe Christophe, 2012, « Le mot et la chose. De la possibilité du marché en Grèce ancienne ». Dans Koray Konuk (dir.), *Stephanèphoros. De l'économie antique à l'Asie mineure*. Hommages à Raymond Descat, Bordeaux, Ausonius, p. 125-138.

Perrotta Cosimo, 2004, *Consumption as Investment. I. The Fear of Goods from Hesiod to Adam Smith*, London – New York, Routledge.

Plácido Suárez Domingo, 2001, *La Dépendance dans* l'Économique de Xénophon, Paris, Les Belles Lettres.

Polanyi Karl, 2011, [Posth. 1977], *La Subsistance de l'homme. La place de l'économie dans l'histoire et la société*, Paris, Flammarion. (Livre électronique).

Polanyi Karl, 1975, « Aristote découvre l'économie ». Dans Conrad Arensberg,

Harry Pearson, Karl Polanyi (éds.) *Les systèmes économiques dans l'histoire et la théorie*, Paris, Larousse, p. 93-117.

Pomeroy Sarah, 1997, *Families in Classical and Hellenistic Greece : Representations and Realities*, Oxford, Clarendon Press.

Pomeroy Sarah, 1994, *Xenophon. Œconomicus. A Social and Historical Commentary*, Oxford, Clarendon Press.

Pomeroy Sarah, 1975, *Goddesses, Whores, Wives and Slaves. Women in Classical Antiquity*, New York, Schocken Books.

Ramelli Ilaria, 2009, *Hierocles the Stoic : Elements of Ethics. Fragments and Excerpts*, Atlanta, Society of Biblical Literature.

Redfield James, 1993, « Homo *domesticus* ». Dans Jean-Pierre Vernant (dir.), *L'Homme grec*, Paris, Le Seuil, p. 185-222.

Rutten Christian, 1988, « L'économie chez Aristote », *Les cahiers de l'analyse des données* 13 (3), p. 289-294.

Samuels Warren, Biddle Jeff, Davis John (éds.), 2003, *A Companion to the History of Economic Thought*, Malden, Blackwell.

Sanidas Giorgos, 2013, *La production artisanale en Grèce, une approche spatiale et topographique, à partir des exemples de l'Attique et du Péloponnèse*, VIIe-Ier s. av. J.-C., Paris, CTHS.

Sauge André, 2018, *L'Odyssée ou le Retour d'Ulysse. Un traité d'économie politique*, Berne, Peter Lang.

Saunders Trevor, 2002, *Aristotle. Politics. Books I and II.*, translated with a Commentary, Oxford, Clarendon Press.

Saunders Trevor, 1961, « The property classes and the value of the *klèros* in Plato's *Laws* », *Eranos* 59, p. 29-39.

Scheidel Walter, Morris Ian, Saller Richard (éds.), 2008, *The Cambridge Economic History of the Greco-Roman World*, Cambridge, Cambridge University Press.

Schmid Wolfgang, 1984, *Epicureo e l'epicureismo cristiano*, Brescia, Paideia.

Schorn Stefan, 2012, « The Philosophical Background of Xenophon's *Poroi* ». Dans Christopher Tuplin, Fiona Hobden (éds.), *The Philosophical Background of Xenophon's Poroi*, Leiden, Brill, p. 689-723.

Schumpeter Joseph, 1983, [1954] *Histoire de l'analyse économique*, T. 1 : L'Âge des Fondateurs, Paris, Gallimard.

Schumpeter Joseph, 1954, [1912], *Economic Doctrine and Method*, New York, Oxford University Press.

Sébillotte Violaine, 2016, « Women and the Economic History of the Ancient Greek World : Still a challenge for gender studies ». Dans Brigitte Lion, Cécile Michel (éd.), *The Role of Women in Work and Society in the Ancient Near East*, Boston – Berlin, De Gruyter, p. 543-563.

Séris Jean-Pierre, 1994, *Qu'est-ce que la division du travail ?*, Paris, Vrin.

Simpson Peter, 1998, *A Philosophical Commentary on the Politics of Aristotle*, Chapel Hill – London, University of North Carolina Press.

Singer Kurt, 1958, « *Oikonomia* : an Inquiry into beginnings of economic thought and language », *Kyklos* 11, p. 33-36 et 46-47.

Strauss Leo, 2005 [1964], *La Cité et l'Homme*, Paris : Le Livre de Poche.

Strauss Leo, 1998 [1970], *Xenophon's Socratic Discourse. An Interpretation of the Œconomicus*, South Bend (Ind.), St. Augustine's Press.

Tabosa Adriana, 2016, « Les métamorphoses de la richesse : économie et chrématistique chez Aristote ». Dans Étienne Helmer (dir.), *Richesse et pauvreté chez les philosophes de l'Antiquité*, Paris, Vrin, p. 251-273.

Teisserenc Fulcran, 2016, « Usage et mésusage de l'argent : la leçon d'Aristippe ». Dans Étienne Helmer (dir.), *Richesse et pauvreté chez les philosophes de l'Antiquité*, Paris, Vrin, p. 15-45.

Thesleff Holger, 1965, *The Pythagorean Texts of the Hellenistic Period*, Åbo, Åbo Akademi.

Thompson Dorothy, 1993, *An Ancient Shopping Center : The Athenian Agora*, The American School of Classical Studies at Athens.

Todd Lowry S., 2003, « Ancient and Medieval Economics ». Dans Warren Samuels, Jeff Biddle, John Davis (éds.), *A Companion to the History of Economic Thought*, Malden, Blackwell.

Todd Lowry S., 1998, « Xenophons ökonomisches Denken über "Oikonomikos" hinaus ». Dans S. Todd Lowry, Bertram Schefold, Karl Schefold, Arbogast Schmitt (éds.), *Xenophons "Oikonomikos", Vademecum zu einem Klassiker der Haushaltsökonomie*, Düsseldorf, Wirtschaft und Finanzen, p. 77-93.

Todd Lowry S., 1987, « The Greek Heritage in Economic Thought ». Dans S. Todd Lowry (ed.), *Pre-Classical Economic Thought From the Greek to the Scottish Enlightment*, Boston, Kluwer Academic Publisher, p. 7-30.

Tsouna Voula, 2012, *Philodemus. On Property Management*, Translation with an introduction and notes, Atlanta, Society of Biblical Literature.

Tsouna McKiharan Voula, 1996, « Epicurean Attitudes to Management and Finance ». Dans Gabriele Giannantoni, Marcello Gigante (dir.), *Epicureismo Greco e Romano*, Naples, Bibliopolis, T. II, p. 701.

Tuplin Christopher, 2007, « Fear of Slavery and the Failure of the *polis* ». Dans Anastasia Serguidhou (éd.), *Fear of Slaves – Fear of Enslavement in the Ancient Mediterranean (Discourse, representations, practices)*, Besançon, Presses Universitaires de Franche-Comté, p. 57-74.

Van Groningen Bernarhd Abraham, 1933, *Aristote : Le second livre de l'Économique*, Leyde, Sijthoff.

Vergnières Solange, 1995, *Éthique et politique chez Aristote. Φύσις, ἦθος, νόμος*, Paris, Presses Universitaires de France.

Vilatte Sylvie, 1991, « La nourrice grecque : une question d'histoire sociale et religieuse », *L'antiquité classique* 60, p. 5-28.

Vivenza Gloria, 1998, « Roman Thought on Economics and Justice ». Dans S. Todd Lowry, Barry Gordon (éds.), *Ancient and Medieval Economic Ideas and Concepts of Social Justice*, New York – Köln, Brill, p. 269-332.

Vlassopoulos Kostas, 2011, « Greek Slavery : From Domination to Property and Back Again », *Journal of Hellenic Studies* 131, p. 115-130.

Warren James (ed.), 2009, *The Cambridge Companion to Epicureanism*, Cambridge, Cambridge University Press.

Weber Max, 1968, *Economy and Society, an Outline of Interpretive Sociology*, New York, Bedminster Press.

Zurbach Julien, 2012, « Hésiode oriental ou : le discours sur l'économie avant le *logos oikonomikos* ». Dans Koray Konuk (éd.), *Stephanéphoros. De l'économie antique à l'Asie mineure. Hommages à Raymond Descat*, Bordeaux, Ausonius, p. 179-191.

INDEX LOCORUM

VII, 15 : 52, 169; VII, 16 : 52, 55, 78, 82, 155; VII, 17 : 104; VII, 17-32 : 52; VII, 18 : 76, 78, 81, 82, 83, 162; VII, 18-22 : 82; VII, 18-32 : 88; VII, 19 : 88; VII, 21 : 88, 143; VII, 23 : 88; VII, 24 : 82, 87; VII, 24-25 : 82; VII, 27 : 121, 132, 155; VII, 30 : 81, 88; VII, 32-34 : 104; VII, 33 : 52; VII, 36 : 54, 155; VII, 37 : 110; VII, 38 : 104; VII, 39-40 : 52; VII, 40 : 151; VII, 41 : 99; VIII, 1-23 : 146; VIII, 1-IX, 10 : 52; VIII, 2 : 132; VIII, 3 : 146; VIII, 4-9 : 146; VIII, 12 : 162; VIII, 14-15 : 146; IX, 2 : 146; IX, 4 : 146; IX, 5 : 109; IX, 6 : 147; IX, 6-7 : 147; IX, 7 : 99, 147; IX, 8 : 147, 155; IX, 9 : 99; IX, 9-13 : 88; IX, 10-11 : 102; IX, 11 : 88, 110, 132, 155; IX, 12 : 110; IX, 14-15 : 51, 104; X, 4 : 77, 82;

X, 5 : 82; X, 7 : 77, 82; X, 9-13 : 82; XI, 7 : 156, 169; XI, 13 : 54, 111; XI, 14 : 88; XI, 19 : 88; XII, 1-2 : 106; XII, 3 : 111; XII, 4 : 106, 111; XII, 5 : 110; XII, 6-7 : 110; XII, 16 : 121; XII, 19 : 112; XIII, 3-5 : 111; XIII, 5 : 44; XIII, 6-8 : 108; XIII, 9 : 111; XIV, 10 : 162; XVI-XIX, 14 : 100; XVI, 1 : 64; XX, 21 : 54, 154; XXI, 2 : 44, 104; XXI, 10 : 110

Mémorables – I, 5, 1 : 155; II, 1, 1 : 155; III, 4, 1-12 : 47; III, 4, 6-7 : 48; III, 4, 12 : 30, 51, 104; III, 6, 2 : 52; III, 6, 7-8 : 57; III, 6, 14 : 44

Revenus – I, 1 : 138; I, 2 : 138; II, 7 : 53; III, 1 : 53; III, 2 : 161; III, 4 : 53; III, 6 : 53; IV, 10 : 161; IV, 36-38 : 54; IV, 42 : 161; V, 8 : 54; V, 11 : 53; V, 11-13 : 56; VI, 1-2 : 55

INDEX AUCTORUM

TABLE DES MATIÈRES

PARTIE II

METTRE EN ORDRE LES HOMMES

PARTIE III

METTRE EN ORDRE LES CHOSES